戴東培先生編

港僑須知

周壽臣題

戴東培先生

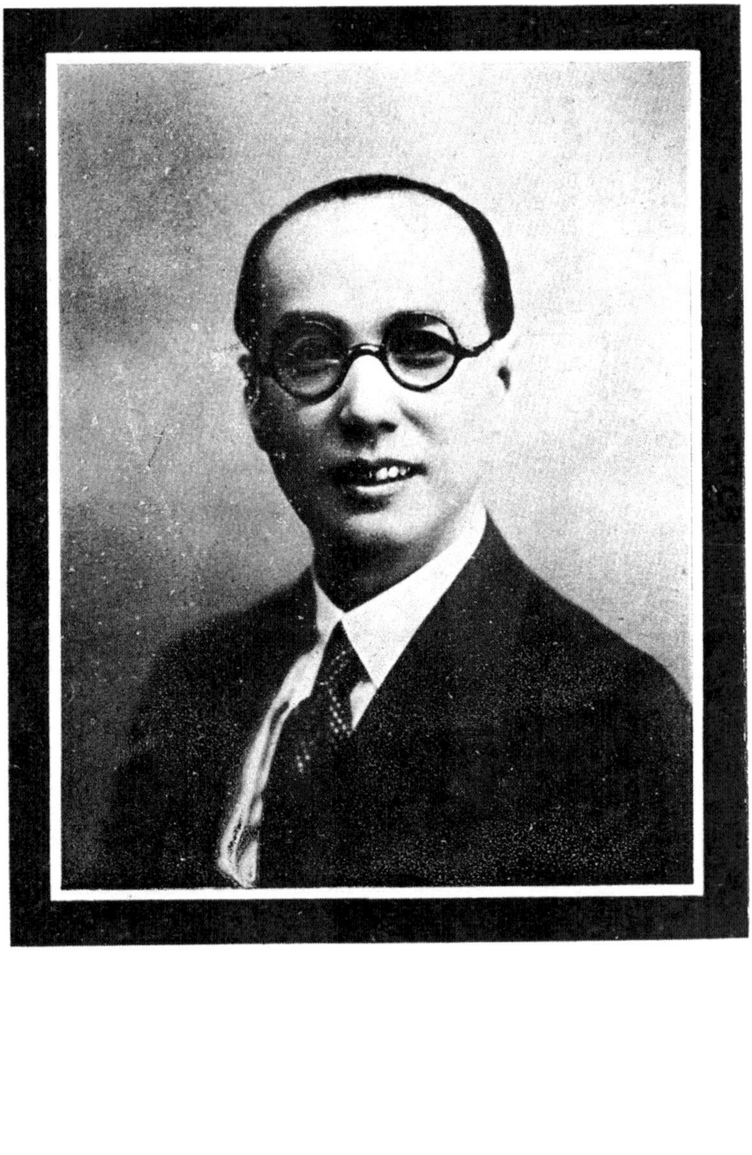

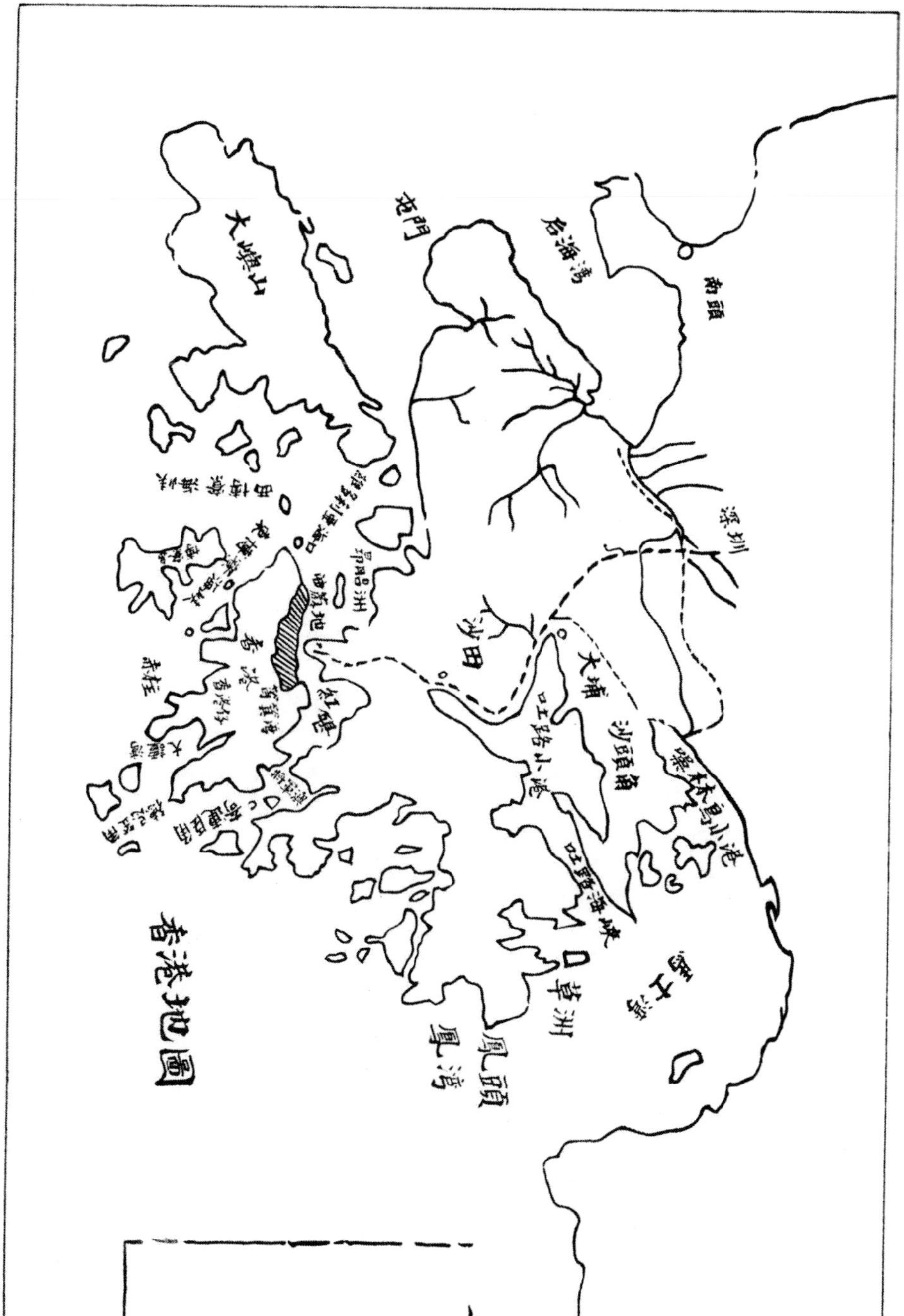
香港地圖
大嶼山
屯門
后海灣
南頭
深圳
沙田
大埔
沙頭角
紅磡
香港
赤柱

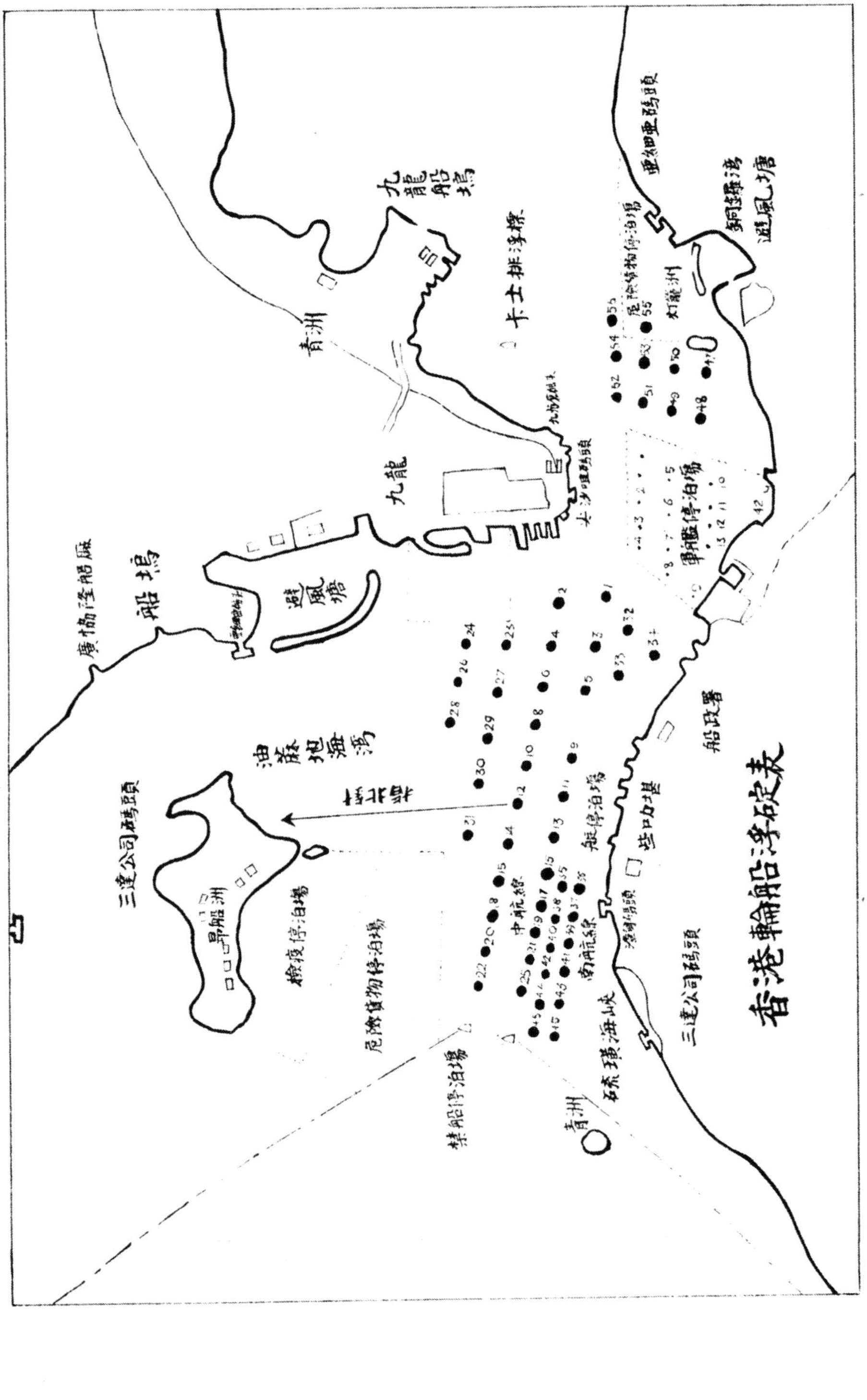
香港輪船浮碇表
九龍
九龍船塢
避風塘
船塢
廣協隆船廠
油蔴地避風塘
昂船洲
三達公司碼頭
檢疫停泊場
危險貨物停泊場
禁船停泊場
青洲
硫磺海峽
中航線
南航線
船政署
軍艦停泊場
銅鑼灣避風塘
亞細亞碼頭
指北針

香港颶風表

風球號數	日間符號	夜間燈符號	所指風勢
（一）	┳	白○ 白○ 白○	將有颶風過港
（二）	▬	白○ 綠○ 白○	猛烈風與颶風或由西南方吹至
（三）	┻	綠○ 白○ 綠○	猛烈風與颶風或由東南方吹至
（四）	◆	白○ 白○ 紅○	颶風爲勢甚烈但於本港無碍
（五）	▲	白○ 綠○ 綠○	預料颶風由西北方吹至
（六）	▼	綠○ 白○ 白○	預料颶風由西南方吹至
（七）	■	綠○ 綠○ 白○	預料颶風由東北方吹至
（八）	●	白○ 白○ 綠○	預料颶風由東南方吹至
（九）	⧗	綠○ 綠○ 綠○	預料颶風勢將加劇
（十）	✚	紅○ 綠○ 紅○	預料颶風力加劇（方向無定）

凡升第十號風警者。指颶風已至。繼即水師處及船頭官署。均每十秒鐘鳴風警炮三響。

遇颶風時。懸掛風球或風燈地點如下。

香港仔　長洲　噏洛　平山　赤柱　筲箕灣　沙頭角

西貢　荃灣　大澳　橫瀾　船頭官署　本港對海天文台

九龍貨倉　三達火油倉　大埔田土官署　鯉魚門

火警及救傷電話

本港……電話三零三零三

九龍……電話五七二九五

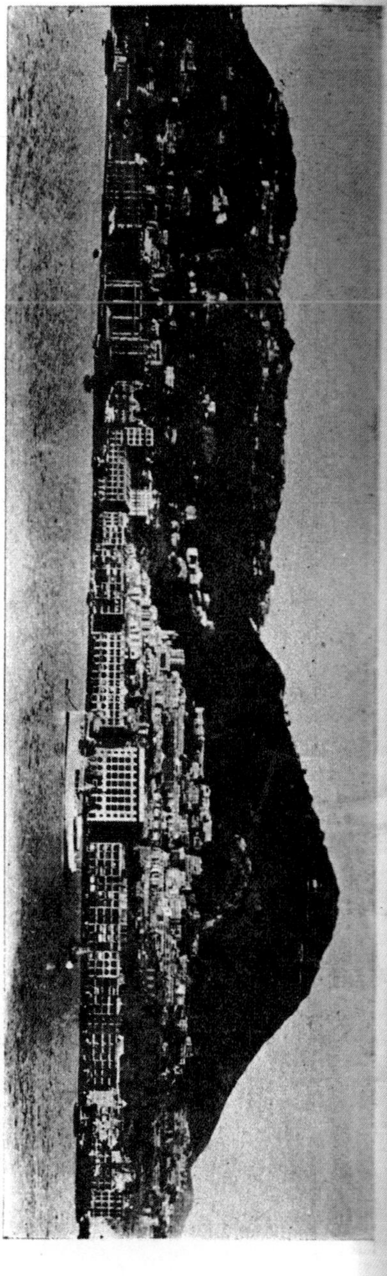

香港全景

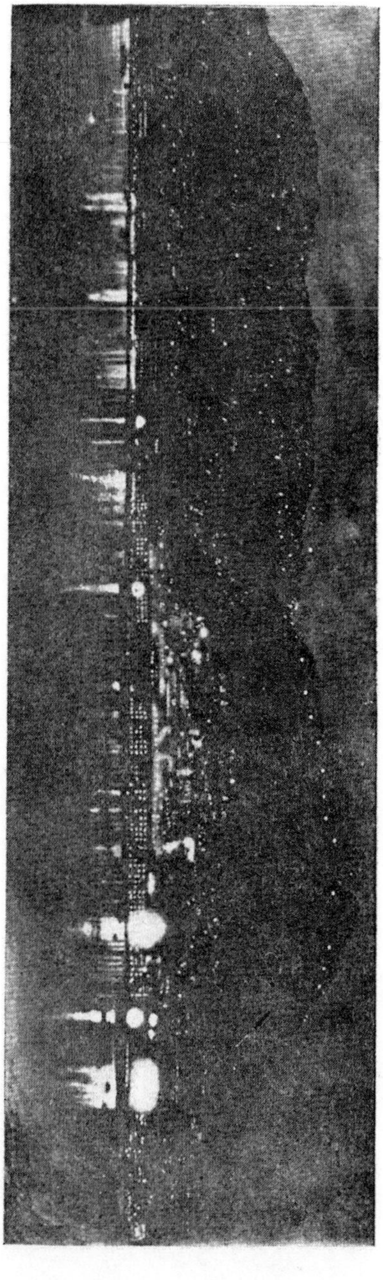

香港夜景

香港跑馬場

九龍全景

灣仔海濱之鳥瞰

淺水灣游泳場

域多利皇后像

香港博物院

香港高等審判廳

德輔道中

香港公園（一）

香港公園（二）

郵政局

歐戰和平紀念碑

皇后碼頭

香港尖沙咀碼頭

香港康樂道中過海碼頭

九龍佐頓道過海碼頭

絨球會球場

中環街市

銅鑼灣風景

銅鑼灣電車總站

太平山頂風景

山頂纜車車站

大潭篤水塘之石壩

太平山麓之濾沙池

九龍天文臺

九龍火車站

山頂纜車

香港尖沙咀過海小輪

九龍半島酒店

九龍貨倉

山頂大酒店

淺水灣大酒店

宋王臺

九龍兒童游樂塲

長洲風景

太古船澳

香港大學

英皇中學

華仁書院

聖保羅女書院

赤柱聖士提反學校

東華醫院痘局

東華東院

廣華醫院

香港華人永遠墳場墓道

一別亭

永別亭

千里亭

香港大學鄧志昂中文學院

歐戰時華人國殤紀念碑

香港大學工科　何東實驗廠

馮平山圖書館

保良局

保良公局剏始於遜清光緒丙申 原址普仁街七號 蓋假地於東華醫院而結廬其上者也 迄今三十有六年矣 居褊隘 蹙蹙無所容數載以還 董其事者僉議遷建 而難其地 民國十九年夏 忝以煥堂等承乏 用紹前志 相度於此 以上聞報曰可 給地八萬餘尺 然絀於資 迺沿戶勸募 越一月集七萬餘金 何爵士曉生 西人祖雲先生 聞而慨捐各三萬金 何爵士夫人麥秀英一萬金 以彰其母 林福池女士一萬金以名其夫 於戲孝思之則 順道之正 殆有今昔同軌者乎 邦人君子 亦輸將有差 於是先後共集一十七萬餘金矣 鳩工庀材 經始用亟 二十年春三月 總督貝璐奠厥基會 煥堂等將竣任辭政府 士夫堅使留繼 不獲已 因竟其成 逮二十一年春三月四日 貝督憲復臨啓鑰 計全院縱一百尺 廣一百九十尺 覆地一萬九千尺 容婦孺可三百餘人 方原院倍其量有半 建築費十萬金 存七萬餘金 舉以購產充常年經費 仍籲請政府歲給津貼七千金 以維久遠 復報可乘 若曰亦可繼矣 是微 貝督憲 輔政司蕭敦 華民政務司夏理德 副華民政務司活雅倫之所成全 周壽臣羅旭龢曹善允三表之所扶掖 諸縉紳先生 暨本局前任總理 永遠總理之所輔翊 仁人善士之所捐輸不及此 深仁厚德 諸難婦孺 當頂踵百拜不敢忘 煥堂等手足之烈 夫何有焉 語曰可久之謂業 於今乃啓之矣 後之賢者 因其張弛之道 而發揚光大之 亦庶乎其不朽也

中華民國十九年庚午／二十年辛未連任總理 譚煥堂 林裘謀 林蔭泉 姚得中
區紹初 何爾昌 黎泰階 葉徹凡謹誌
陳鑑坡 陳儉堂 陳慶華

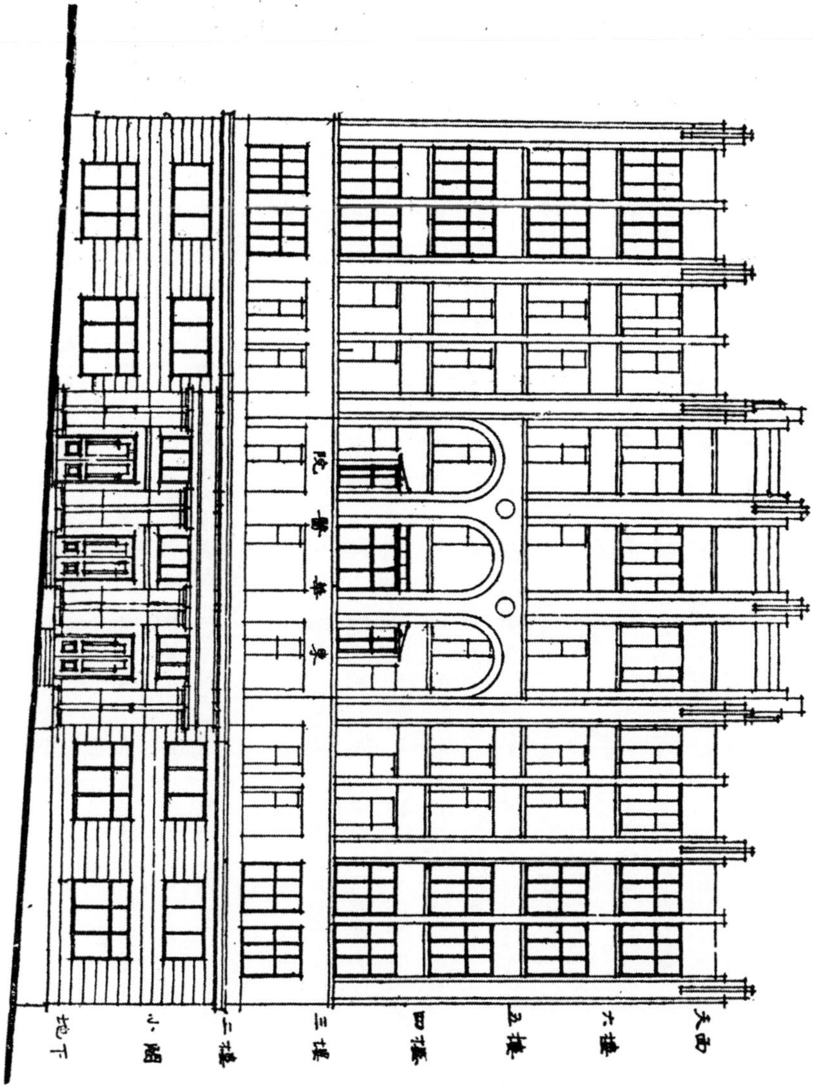

改建東華醫院正面圖

東華醫院大事紀畧

東華醫院。爲香港大慈善之機關。攷其歷畧。則肇源于咸豐辛亥。鄉人設立義祠。處理貧人之病者死者。旋以規模簡陋。爲當道所議。復由梁鶴巢諸君子。籌議改組。同治己巳。呈准港督李察麥當奴。撥地建築醫院。以壬申年落成。命名東華。是爲剏辦伊始。光緒丙申。又由委員會何啓等。獻議政府。思有以改善之。當道韙其議。且撥公欵十餘萬以助其成。而基礎始鞏。由是而新院也。仁恩院也。傳染病院也。五十週紀念院也。東院也。以及戊午之分設廣華醫院也。盖皆爲貧病者造福者也。至于設義學。建栖流所。及義庄。義塚。一別亭等之設。其所以嘉惠兒童。撫集流亡。安妥先靈者。亦以次成立。不可謂非歷任其事者之苦心經營。當仁不讓。乃有此完備之設施也。歲辛未。合東華、東院、廣華、三院。統一辦事於老院。以各董分任其事。所以明管轄。昭劃一。專責成也。其改建新院之計畫。前督金文泰首其議。繼任貝督促其成。而當其事者。爲陳君廉伯、潘君曉初等。先後審愼擘畫。若者可以增加病床。以廣收容。若者可以改建舖嗇。以裕收入。詢謀僉同。厥議乃定。再進而爲籌欵之謀。僉以世界之不景氣。商業凋零。募捐以成努末。鉅欵盧不易致。而卒賴邦人君子。見義勇爲。及潘君等之善于勸告。勸于將事。不數月而事集。行見鳩工庀材。不日成之。可拭目而俟矣。此改建老院之大畧也。至于慈善事業之有足紀者。如甲午之癘疫。丙午之風災。壬戌之工潮。己巳之水災。他如北五省之旱災。南兩廣之凶災。雲南昆明之火災。山東濟南之兵災。類能本賑災恤鄰之誼。不分畛域。極力救濟。存活無量。其是難能可貴也。而尤以肇慶大水之賑米及築圍等費。撥欵至數十萬。滬上兵賑及援救難民。用欵亦逾鉅萬。尤爲人所樂道。至于辦事之成績。東培忝列董末。頗知其畧。攷其剏造之始。僅容病者百人。給事者八十五人。歲支不過三萬元。今則贈醫贈藥人數。歲可廿餘萬。留醫人數。歲亦萬餘。由院歛葬者。歲可逾千。餘皆病癒出院者也。給事者約弍百餘人。歲支達三十萬金。別增附設 女義學十餘所。就學者千餘人。而難民過境。華僑歸國。資遣者。又不知凡幾。是皆犖犖可紀者。夫始嘆歷任董事諸君。實心辦事。公爾忘私。足爲邦告人者也。謹舉所知。詳爲紀載。以昭來玆。是爲記。

戴東培謹識

龍永英先生

辦事處香港德輔道中六號叁樓電話弍叁玖零肆

港僑須知目錄

揷圖目錄

戴東培先生玉照
香港地圖
香港輪船浮碇圖
香港颶風表
香港全景
香港夜景
九龍全景
香港跑馬場
淺水灣游泳場
灣仔海濱之鳥瞰
域多利皇后像
香港博物院
香港高等審判廳
德輔道中
香港公園（一）
香港公園（二）
郵政局
歐戰和平紀念碑
皇后碼頭
香港尖沙咀碼頭
香港康樂道中過海碼頭
九龍佐頓道過海碼頭
絨球會球場
中環街市
銅鑼灣風景
銅鑼灣電車總站
太平山頂風景
山頂纜車車站
大潭篤水塘之石壩
太平山麓之濾沙池
九龍天文臺
九龍火車站
山頂纜車
香港尖沙咀過海小輪
九龍半島酒店
九龍貨倉
山頂大酒店
淺水灣大酒店
宋王臺
九龍兒童游樂場
長洲風景

太古船澳
香港大學
英皇中學
華人書院
聖保羅女書院
赤柱聖士提反學校
東華醫院痘局
東華東院
廣華醫院
香港華人永遠墳塲墓道
一別亭
永別亭
千里亭
香港大學鄧志昂中文學院
歐戰時華人國殤紀念碑
香港大學工科何東實驗廠
馮平山圖書館
保良局
東華醫院建築圖形
東華醫院大事紀畧
龍永英先生像

文字目錄

本書例言
序
自序
香港沿革史
警署電話……一
水務局電話……二
電報局住址電話……二
電船租賃處……三
小輪租賃處……四
中西酒店旅店客棧地址及電話表……五
香港西醫一覽表……九
香港接生一覽表……壹二
香港假期……壹三
香港居民禁例撮要……壹五
香港刑律撮要……壹八
香港華僑則例……二零
保護兒童則例……二二
蓄婢註冊手續……二四
華人廟宇規則……二七
貧苦無靠者投訴辦法……二九
香港公園規則……三零
卜公園規則……三一
九龍漆咸道兒童游樂塲規則……三二
來往尖沙咀及香港小輪規則……三三
卜公碼頭規則……三三

[illegible]……三四
夏[illegible]香港及九龍各區[illegible]時間……三五
[illegible]犬[illegible]例……三七

衛生

公衆衛生規則……三八
清淨局通告格式……三九
清淨局告示格式……四零
巡理府控告票格式……四二
衛生規則……四三
清淨局示諭洒掃灰水各區期限條例……四六
清淨局取締食物店條例……四八
在街道堆積攙搔者注意……四九
一九三一年清淨局取締鹹甜食品製造商店細章……五零
一九三一年取締新界牛乳業條例……五二
製造汽水工廠規則……五五
一九三一年檢驗畜牲費用表……五六
一九三二年二月八日頒行居民衛生新例……五七
霍亂症及其預防法……五八
蚊蟲致瘧說……六四

建築

建築普通屋宇章程……六七
新界投地建築章程……八零
建[illegible]章……八零
建築木[illegible]……八一
[illegible]章程……八一
工廠簡章……八三
取締爆竹商店……八三
一九三二年炮竹商店則例……八四
政府投地普通章程……八六
工務局示諭格式……九一
業主担負水費及鏢租格式紙……九二
請水務局安水鏢或修理內喉格式……九三
畫測建築或修改屋宇入禀格式……九四

土地

土地註冊規則……
（一）註冊須知……九五
（二）抄封不動產……九五
（三）田土廳代貯重要契據文件章程……九六
（四）註冊費用……九六
（五）查冊費用……九七
（六）買賣按揭通例……九七
（七）律師公會規定按揭買賣合同費用表……九八
（八）新界田土廳稅則……一零二
（九）一九三一年修正土地註冊……一零二
（十）田土廳查冊手續……一零三

(十一)查冊格式紙……一零四
(十二)承領大地紙辦法……一零六
徵收舖屋差餉及估價辦法……一零六
估價格式……一零七
徵收差餉估價核算表……一零八
繳納差餉期限……一一三
舖屋報吉租格式……一一四
領回吉屋已納差餉……一一五
領回吉屋差餉格式……一一六
封租規則……一一七
舖屋封租格式(一)……一一八
舖屋封租格式(二)……一一九
舖屋封租格式(三)……一二零
舖屋封租格式(四)……一二一
封租授權紙格式……一二二
代理租務授權紙……一二三
封租印花表……一二四
包租人抄封分租住客……一二五
領取拍賣欵項……一二五
移封……一二五
住客被債主抄封……一二六
封租注意……一二七
提防走租辦法……一二八
住戶租賃舖屋手續……
(一)上期租約及格式……一二九
(二)批舖合約及格式……一二九
(三)住戶退租手續……一三一
(四)業主將屋取回自用或將租項加增辦法……一三一
全權代理紙……一三三

遺產

遺產則例……一三四
普通遺囑格式……一四零
遺產留存長遠辦法……一四零

商務

士担則例……
(一)交收單據應貼士担表……一四二
(二)釐印規則……一四二
(三)釐印期限……一四二
(四)欠單須知……一四三
香港股份買賣釐印費用表……一四四
香港股份經紀會訂定買賣股份表……一四五
厘印則例之佈告……一四八
商標註冊手續……一四九
公司註冊細章……一六一
公司組織辦法……一六一
公司敘會規則……一六三

[illegible]……一六三
[illegible]……一六四
有限公司章程……一六五
註冊公司開始營業辦法……一六六
公司收益章程……一六七
華人合股生意條例……一六九
報窮則例撮要……一七零
酒牌則例……一七五
售洋酒牌照……一七五
沽土酒牌照……一七五
雜貨店兼營酒業……一七七
酒廠牌費……一七七
運酒出入口辦法……一七八
港府規定船上用酒免稅辦法……一七九
一九三一年酒稅罰欵規則……一七九
煙酒貨倉規條……一八零
貯煙貨倉牌照……一八一
一九三二年六月一日修正酒稅則例……一八二
華人酒樓牌照……一八三
沽酒延長營業時間牌照……一八五
規定酒樓售酒時間牌照規則……一八五
規定酒店售酒時間牌照規則……一八六
大酒店售酒牌照……一八七
一九三三年規定煙草入口稅率……一九二
一九三二年[illegible]章程……一九三
一九三二年重訂[illegible]……一九四
鴉片專賣則例撮要……一九五
出入口貨註冊章程……一九六
商船則例……二零零
小火輪租賃價目……二零五
一九三二年規定電船價目……二零六
轎船入口燈塔稅……二零六
租賃政府浮碇價目表……二零六
星期日輪船上落貨物辦法……二零七
辦船載運牲畜章程……二零八
九龍關稅務司解釋檢查船隻手續……二零八
九龍管理民船航運條例……二零九
九龍關佈告入口貨物裝頭須註冊出產國國名……二一三
民國廿年海關入口新稅則……二一五
中華民國規定統稅價目……二一八
來往省港貨脚價目板單……二一九
省港輪水貨脚單……二二二
各種牌照價目表……二二三
當押營業章程……二二三
一千八百八十八年書籍註冊則例……二二五
拍賣館代客拍賣物業貨物傢私佣銀價目……二二六
取締廣告條例……二二六
放債人註冊條例……二二七

拘留欠債人辦法……二二七
一八八五年規定度量權衡細章……二二八
中英丈量比較表……二二八
小販牌照細章……
(甲)負販牌照……二二九
(乙)擺位牌照……二二九
(丙)港內華人艇上小販牌照……二三零
(丁)港內用艇往輪船販賣牌照……二三一
販賣報紙牌照……二三一
找換錢銀店牌照……二三一
車轎牌費章程……二三二
別國汽車特稅……二三三
領取電油特別牌照規則……二三四
香港無線電規則……二三四
無線電收音機執照……二三五
保險須知……二三六
火險……二三七
洋面保險……二三七
人壽保險……二三七
意外保險……二三八
香港政府規定經營保險公司保證金章程……二三八
一九三二年修正工廠則例……二三九
銀行來往存欵規則……二四三
銀行將支票退回理由表……二四五
銀行定期存欵規則……二四六
銀行貼現規則……二四六
滙兌種類……
(一)票滙……二四六
(二)信滙……二四六
(三)電滙……二四七
(四)押滙……二四七
(五)滙票回頭佣……二四七
(六)沽支滙欵……二四七
(七)信滙與押滙之手續……二四七
(八)貨到而入口單及滙紙未到之辦法……二四八
滙水電報算法……二四九
英國滙水一覽表……二五一
按揭股份者注意……二五九
二十年期內複息表……二六零
物質重量備考(附列建築鐵料重量)……二六二
一八七零年旅店應守規則……二六三
安設警鐘價目……二六三

公用

水務局要例擇錄……二六四
香港電燈有限公司供給電力章程……二六六
香港中華煤汽公司安較煤汽價目……二七一
九龍中華電燈有限公司供給電力章程……二七二

香港電燈公司通告……二八四

交通

郵政……二八四
郵政總局及分局地址……二八四
總局辦公時間……二八四
分局辦公時間……二八五
郵票價目……二八五
收信者回信郵票二毛五仙……二八五
寄尋常信取回憑據辦法……二八五
信件度重量定規……二八五
尋常信截信時間……二八六
掛號信截信時間……二八六
一九三一年郵費從新加價……二八六
寄信須知……二八六
郵件分類……二八六
禁寄品……二八七
信未收留存期限……二八七
郵局旅客領信辦法……二八七
領取私家信箱……二八七
寄包裹者須知……二八八
燕梳類……二八九
掛號信遺失賠償……二九零
郵局滙欵……二九零
包裹寄費表……二九一
香港郵件寄費表……二九二
航空郵政……二九三
全球日夜時刻比較表……二九四
電報……
電碼符號三種……二九五
香港中國電報局電報價目表……二九六
大東電報局電報價目表……二九六
大北電報局電報價目表……二九七
香港無線電章程……二九八
無線電報價目表……二九九
萬國電報新增密碼章程……三零零
明密碼電報書……全部
香港電話公司章程……三零一
香港中華長途汽車時間及車費表……三零三
九龍長途汽車規則……三一零
九龍與新界行車時間表……三一零
九龍汽車公司來往各路綫車輛價目表……三一一
來往新界各路綫價目……三一二
電車路綫……三一三
山頂纜車價目……三一五
上落時間表……三一五
搬運貨物傢私汽車租賃價目……三一六
一九三二年車輛交通則例……三一六

私家汽車停車地點……三一七
往來香港九龍過海小輪時間價目表……三一八
往來香港尖沙咀……三一八
往來香港及佐頓道……三一九
汽車船時間……三一九
往來香港與旺角……三一九
往來香港與深水埗……三一九
往來香港油蔴地旺角深水埗客脚價目……三二零
汽車渡海價目……三二零
貨物附輪價目……三二零
香港紅磡九龍筲箕灣過海小輪時間價目……三二一
本港對海小輪碼頭規則……三二一
香港往附近小埠輪船時間價目表……三二二
省港輪船時間價目表……三二三
港澳輪船時間價目表……三二五
來往香港江門九江輪船時間價目表……三二六
來往香港梧州三水肇慶德慶都城輪船時間價目表……三二七
火車……
客脚章程……三二九
華英段行車時刻……三三零
廣九直通慢車時間表（九龍至大沙頭）……三三一
廣九直通慢車價目表（九龍至大沙頭）……三三二
廣九直通慢車時間表（大沙頭至九龍）……三三三
廣九直通慢車價目表（大沙頭至九龍）……三三四
由九龍往深圳行車時間表……三三五
由深圳往九龍行車時間表……三三六
新界車票特價……三三六
來往九龍新界各站火車月票價目表……三三七
海關規定省港搭客携帶行李及貨物辦法……三三八
粵海關旅客行李章程……三三九
粵海關旅客行李報單……三四零
由香港往外埠輪船客脚……三四一
東航線……三四二
南航線……三四六
西航線……三五一
北航線……三五二
香港城多利城街道表……三五六
香港山頂街道表……三七六
香港黃坭涌街道表……三七七
香港大坑村街道表……三七八
香港筲箕灣街道表……三七九
香港鰂魚涌街道表……三八零
香港西灣河街道表……三八一
香港筲箕灣街道表……三八二
香港薄扶林街道表……三八三
香港灣仔街道表……三八四
九龍街道表……三八五
新九龍街道表……三九四

會所

香港華商總會章程……三九六
香港華商會所會章……四零三
香港中華基督教青年會入會細則……四零九
香港中華基督教青年會禮堂及其他房室出租規約……四一零
香港中華基督教青年會寄宿舍章程……四一三
香港中華基督教青年會游泳塲章程……四一五
香港中華基督教女青年會章程……四一六
香港南華體育會章程……四一九
香港中華體育會章程……四二三
香港精武體育會章程……四二六
香港華商俱樂部章程……四三一

婚葬

婚姻註册手續……四三四
一九三二年八月本港新訂離婚辦法……四三五
報生產册格式……四三八
死亡册執照格式……四三九
生死註册規則……四四零
由香港運柩往廣州手續……四四一
衛生局發給運柩離港憑証……四四一
香港華人永遠墳塲一九三三年修改規則……四四二
香港基督教墳塲規則……四四二
[illegible]……四四三
[illegible]……四四三
英國屬土墳塲價目……四四三
燃爆竹取人情之手續……四四四
請臨時特務警察價目……四四四
租賃花木辦法……四四五
看更人須註册……四四五

醫院

國家醫院膳宿及醫費表……四四五
國家醫院影X光鏡價目……四四六
東華醫院廣華醫院東華東院三醫院院務摘要……四四七
香港養和醫院留醫簡章……四五二
香港銅鑼灣聖保祿法國醫院規條價目表……四五三
那打素及雅麗氏醫院章程……四五三
意大利嬰堂醫院簡章……四五四
贊育醫院留醫簡章……四五四
救傷車輛租賃價目……四五四

教育

學校須知……四五五
學校註册禀請格式……四五六
一九三三年六月修正學校規則通告……四五七
香港公立私立學校學費表……四五七

娛樂

公衆娛樂場規則……四六零
取締影戲院新例……四六二
檢查影片及告白規則……四六三
一九三三年馬票派彩新例……四六三
香港賽馬會廣告……四六四
賽馬時警察司佈告……四六四
舞台……四六五
電影院……四六五
跳舞學院及酒店舞場……四六六
娛樂戲院座位表一……
娛樂戲院座位表二……
娛樂戲院座位表三……
皇后戲院座位表一……
皇后戲院座位表二……
中央戲院座位表一……
中央戲院座位表二……
景星戲院座位表一……
高陞戲院座位表一……
高陞戲院座位表二……
利舞臺座位表……
附錄　廣州關業公會致函華商總會請勿虛報貨價及廠家……
游泳場……四六六

香港行政機關一覽表

香港行政機關一覽表……四六七

特載

借欵與註冊公司者注意……四七七
合股營業者注意……四七七
建築屋宇者注意……四七七
運美貨物包裝材料之新限制……四八零
香港火警局取締電光及其他燈光之招牌……四八一
修正鴉片條例……四八一
街邊謀生者均須領取牌照……四八一
在新界畜牧須知……四八二
修正上訴法庭例……四八二
華人出洋則例撮要……四八二
暹羅移民新例……四八三
往法屬者注意……四八三
一九三一香港華民政務司兼團防局主席示諭……四八三
一九三一香港人口調查……四八四
南洋政府定例局規定南洋時間……四八四
香港當押行規定息價表……四八五
車汽司機規則……四八七
利用國產原料之提倡……四八八
禁止星相家執業……四九零
拍電往美國者注意……四九零
交通部改良電費……四九零

廣州市土地登記撮要……四九一
廣州市清理舖底頂手辦法……四九二
廣州市取締店舖加租章程……四九三
廣州市省會公安局徵收房捐警費潔淨費辦法……四九四
廣州市公安局整頓自居屋宇徵收警費規則……四九五
廣州市戶口異動報告法……四九六
廣東省印花稅暫行條例……四九七
廣東省商業牌照費條例……四九九
民國二十一年五月交通部更訂郵資……五零一
廣州市財政公用兩局會訂取締廣告及違章懲罰規則……五零二
廣州市廣告捐征收規則……五零三
外交部領發出國護照暫行辦法……五零四
家庭常識……五零七
衛生却病法……五零七
昏厥急救法……五零九
疾病之傳染……五一零
眼病預防法……五一零
妊時之攝生法……五一三
產褥之處置法……五一四
以餓療病法……五一四
預防受暑法……五一五
驗癆病簡法……五一五
驗痧症法……五一五
簡便戒煙方……五一五
面生雀斑原因……五一五
除雀斑特效法……五一五
治頭髮不生簡法……五一五
治髮黃法……五一六
治瘡痕法……五一六
治失音法……五一六
治耳垢法……五一六
治耳聾法……五一六
治汗斑法……五一六
治臭狐方法……五一六
洋墨水入目注意……五一六
游泳注意及習練法……五一六
去衣服油污法……五一七
去衣服中國墨污法……五一七
去衣服洋墨水污法……五一七
去衣服印字油污法……五一七
去衣服菓汁污法……五一七
洗綢衣法……五一七
洗舊象牙法……五一七
洗鑽石金飾珠玉法……五一七
綢衣辟蛀法……五一七
皮衣免蛀法……五一七
舊油畫抹新法……五一八
收藏字畫法……五一八

去熨斗灼痕法……五一八
食物相忌之注意……五一八

附錄救急經驗良方

(一)中風(分閉脫二症)……五一九
(二)中痰……五一九
(三)中寒……五一九
(四)中暑……五一九
(五)中毒……五二零
(六)中血……(甲)七吼流血……(乙)吐血不止……五二零
……(丙)口鼻出血……(丁)鼻血不止……五二零
(七)五絕……五二一
(八)治霍亂時症方……五二一
(九)治痧脹腹痛方……五二二
(十)湯火傷方……五二二
(十一)跌打壓傷方……五二二
(十二)觸電救傷法……五二三
(十三)治夾色方……五二四
(十四)治撞紅方……五二五
(十五)救治縮陽症方……五二五
(十六)救治男女房事精脫氣絕方……五二五
(十七)救治陰症傷寒方……五二五
(十八)救溺水法……五二五
(十九)救服鴉片煙方……五二六
(二十)救服砒霜方……五二六
(廿一)救服回緬藤方……五二六
(廿二)救服刨花膠方……五二六
(廿三)救吊頸……五二七
(廿四)救自刎斷喉……五二七
(廿五)治鏹水傷方……五二七
(廿六)治煤火毒方……五二七
(廿七)治誤食水蛭方(即蜞乸)……五二八
(廿八)治誤食蜈蚣或百足尿方……五二八
(廿九)治誤服輕粉毒方……五二八
(三十)治受迷悶藥方……五二八
(卅一)救服儘蘇炭酸方……五二八
(卅二)咬傷救急法……五二八
(一)蛇咬傷……五二八
(二)顛狗及猫狗咬傷……五二九
(三)蜘蛛及蟲類咬傷……五三零
(四)百足咬傷……五三零
(五)人牙咬傷……五三一
(六)毒蚊咬傷……五三一
(卅三)生痔良方……五三一
(卅四)老鼠偷糞方……五三一
(卅五)小便不通方……五三一
(卅六)生砂淋血淋方……五三一
(卅七)白濁或白帶方……五三一

香港·澳門雙城成長經典

(卅八)心氣[illegible]方……五三一
(卅九)肝胃氣痛方……五三一
(四十)白蟻蛀天通……五三一
(四十一)無名腫毒方……五三一
(四十二)生眼偷針方……五三一
(四十三)魚骨鯁喉治法……五三二
(四十四)肺癆奇方……五三二
(四十五)小童癆症方……五三二
(四十六)蘇癆傷症方……五三二
(四十七)童癆驗方……五三二
(四十八)小兒遺尿方……五三三
(四十九)小兒腹瀉方……五三三
(五　十)小兒瀉痢方……五三三
(五十一)止瀉驗方……五三三
(五十二)水蠱驗方……五三三
(五十三)痢疾驗方……五三三
(五十四)治糖尿驗方……五三三
(五十五)解誤食菌毒方……五三三
(五十六)解酒醉方……五三三
(五十七)解煙醉方……五三三
(五十八)治歪嘴驗方……五三三
(五十九)呃逆驗方……五三四
(六十)胃呃驗方……五三四
(六十一)搭背驗方……五三四
(六十二)[illegible]……五三四
(六十三)[illegible]……五三四
(六十四)急慢陰寒及[illegible]骨[illegible][illegible]方……五三四
(六十五)風寒入骨方……五三四
(六十六)時疫簡方……五三五
(六十七)婦科……五三五
(一)產後血脫氣脫神脫救急方……五三五
(二)產婦血暈方……五三五
(三)難產……五三五
(四)生盃不出方……五三五
(五)產後流血不止方……五三五
(六)產後發熱方……五三五
(七)婦人跌生腸……五三五
(八)乳瘡方……五三五
(九)胎下流血方……五三五
(十)止血山崩方……五三五
(十一)通經驗方……五三五
(六十八)小兒科……五三六
(一)小兒下地不啼哭方……五三六
(二)小兒初生大小兩便不通方……五三六
(三)小兒下地封臍藥散……五三六
(四)小兒下地食藥方……五三六
(五)小兒牙齦白點啼哭不飲乳方……五三六
(六)小兒月內口風不食乳方……五三六

(七)小兒木唎鎖方……五三六
(八)小兒乳有核治法……五三六
(九)小兒疳積方……五三六
(十)小兒百日內腎囊腫脹方……五三七
(十一)小兒痘爛良方……五三七
(十二)小兒爛胎毒方……五三七
(十三)小兒慢驚驗方……五三七
(六十九)白喉要方……五三七
(七十)治痳瘋之特效國藥方法……五四零
附錄　登載有關法律之廣告者注意……五四一
跋……龍永英

本書例言

一是書專爲旅港僑胞及內地外埠與本港有商務產業關係者。俾得稍明禁例。兼爲旅游本港。攷察市政。及觀風問俗者。便於檢閱起見。故凡對於工商學業。冠婚喪葬。與及交通等事。選載無遺。

一是書專講事實。不尙浮文。措詞造字。務求淺白詳明。使婦孺閱之。都能了解。

一是書對於地方或衙署等名稱。一仍香港習慣。間有與內地名稱不同者。閱者當可意會。

一是書所載各種事例。係據最近通行者記載。出版後如有變更。容俟續載。

一是書倉卒出版。倘有錯漏。務求 大雅賜正。

序

世界愈文明光陰愈寶貴故各國繁盛市區皆有市政錄之設凡所利便旅客之察覽而節省其寶貴之光陰也香港為我國南北交通樞紐商賈雲集貨物山屯各省僑胞旅居者不下數十萬或經營實業或貿遷有無或調查商務或考察政治熙往攘來終日僕僕者皆甚寶貴其光陰者也而以調查察覽之需時往往坐耗時光迄無所得豈市政錄之未備實編繹者之乏心吾友戴君東培以官費考入香港大學畢業後銳意商業服務社會者亦有年矣戴君天資敏穎辦事勤能嘗於服務之餘留心市政實地調查故能於港地一切情形瞭如指掌因撰着港僑須知一書以為旅遊者之向導冀

省查察者之光陰內容既詳盡靡遺編次復有條不紊洵可稱社會有用之書旅居指南之針也同人等咸認此書有益於人群故樂為一言以介

周俊年　陳廉伯　俞華山　李海東　莫泳子
羅旭龢　譚煥堂　關楚璞　李佐臣　李伯康
周壽臣　黃廣田　勞緯孟　鄧肇堅　潘曉初
何　東　劉子平　何雅選　劉叔莊　何星儔
曹善允　梁弼予　黎工佽　黃耀東　衛國綸
李右泉　李樹芬　張知挺　歐陽伯川　黃蔚佳

同序

中華民國二拾二年六月

自序

在昔閉關時代凡旅游同文同軌之地猶有問禁問俗之需而況客居異地受治於外人者可不知其例禁耶香港為毗連南中國繁盛之埠居留僑胞數達八十餘萬往往觸犯當地例禁而不自知外人每以華人愚昧缺乏常識見誚可恥孰甚然究其故則以本港例書向無繹本非盡人所能讀有以致之培生長斯間畢業於香港大學後旋營賈業服務社會者數十年舉凡風土人情亦既耳熟能詳閒嘗參閱例書亦粗知其概爰以

數月實地調查及半生閱歷所得復細繹例書所載對於交通慈善交際與夫冠昏喪祭各例為社會生活所必須諳喻者彙輯成書俾僑胞人手一册即可避免干犯例禁之虞而觀風問俗叅攷市政者未嘗不可藉為一得之助也書成因叙述其顛末如左

中華民國廿二年　月　日　戴東培序於香江旅次

香港沿革史

香港為東亞第二商埠亦為我國商務南北溝通之樞紐其建設之完備商業之繁興久為世界所稱許然攷其歷畧原為我國海外荒島自經西曆一八四二年英國與我國立約租借經營數十年頓成為繁盛之商埠其對岸地名九龍于一八六零年復由我國租借與英國建築市場至一八九八年更展拓至深圳名曰新界（其沿革史載在條約中文長恕不備錄）今合香港九龍新界計之面積約三百餘英里其地居廣東之東南部距廣州約九十里形勢環抱左右皆有海峽足資拱衛固絕好之港海也我人旅游香港觸目繁榮人民皆安居樂業以視內地之紛擾判若霄壤故內地人民皆願受一廛焉香港及新界雖土脉磽瘠瀕海多風頗不宜于樹畜然以治安良好我國人之在此謀種植畜牧者大不乏人以其成績攷之如大埔之康樂園華樂園上水之東英學圃粟園藝園生生養鷄塲及元朗之台山人廣西人各個人所營經之農塲不可勝數然均有優美之成績而尤以李登同將軍經營之康樂園所種橄欖芒菓桔橙木瓜桃筍等物每歲出產價值幾逾十萬尤為驚人也是豈內地之膏腴不敵租界之磽瘠耶毋亦以內地盜賊縱橫罔敢投資而遷地為良耳土脉之腴瘠云乎哉觀此而不急修內政以救農村之破產前途何堪設想有心攷察市政借鏡他邦者當知所從事矣

警署電話

中央警署	電話先搭三九	後駁八四	
八號警署	電話先搭三九	後駁二壹一	內駁干德道警署
七號警署	電話先搭三九	後駁九三	
一號警署	電話先搭三九	後駁九一	
	內駁灣仔二號	黃泥涌濱警署	威非盧道海灣景警署
鰂魚涌警署	電話先搭三九	後駁一零二	內駁筲箕灣警署　七姊妹警署
六號警署	電話先搭三九	後駁九二	
歌賦山警署	電話先搭三九	後駁一零九	內駁馬己仙山峽警署
馬己仙山峽道警署	電話先搭三九	後駁一五三	
薄扶林道警署	電話先搭三九	後駁一壹零	
香港仔警署	電話先搭三九	後駁一零壹	
赤柱警署	電話先搭三九	後駁一零三	內駁大潭警署
石澳警署	電話先搭三九	後駁二四零	
尖沙咀警署	電話先搭五八零七一	後駁九零一	
紅磡警署	電話先搭五八零七一	後駁五二二	
九龍城警署	電話先搭五八零七一	後駁五二七	
旺角警署	電話先搭五八零七一	後駁五一一	
深水埗警署	電話先搭五八零七一	後駁五零五	
油蔴地警署	電話先搭五八零七一	後駁五一零	

新界北約

大埔警署　電話先搭三九　後駁五九　或先搭五八零七一
　　青山　平山　涽頭　落馬洲　上水　打鼓嶺　沙頭角　沙田警署等　俱由大埔轉駁
西貢警署　電話先搭五八零七一　後駁五三六

新界南約

長洲警署　電話先搭五八零七一　後駁五零九　內駁梅蘭頭和村及十龍村警署
荃灣警署　電話先搭五八零七一　後駁五一二　內駁青龍頭警署
大澳警署　電話先搭五八零七一　後駁五三七　內駁東埔警署

水務局電話

凡政府街喉遇有爆裂。附近居民可卽用電話通知水務局。免耗用水。及有碍過路行人。
(一)辦公日上午九點至下午五點。電話先搭三九。後駁一零五。
(二)每日下午五點至上午九點前。及星期六下午星期日。及假期日。電話先搭三九。後駁一三一。

電報局住址電話

大東電報公司　干諾道中三號　電話二八零三五
大北電報公司　干諾道中三號　電話二零四四二
中國電報公司　干諾道中三號　電話二零一二零

電船租賃處

（公司名）	（電話）	（灣泊處）
聯和電船公司	二一二五七 二一零三九	中環皇家碼頭
皇后電船公司		中環皇后碼頭
鴻德電船公司	二七九六六	中環皇家碼頭
順泰電船公司	二三二七六	中環救火船仔碼頭
康樂公司	二四四四八	中環廣榮碼頭
東昌電船公司		中環九龍火船仔碼頭
和發電船公司		中環九龍火船仔碼頭
和順電船公司		中環寶德碼頭
聯泰電船公司	二四六一一	中環寶德碼頭
成發公司	二八二五四	上環興記碼頭
東記電船公司	二八二五四	上環興記碼頭
黃埔三電船公司	二三一五零	灣仔軍器廠頭
民力電船公司	五七三七六	九龍皇家碼頭
廣鴻電船公司	五六壹弍三	油蔴地甘肅街碼頭

小輪租賃處

（公司名）	（電話）	（灣泊處）
永順小輪公司	二零七一六	中環聯昌碼頭
其興小輪公司	二三零四零	中環廣榮碼頭
廣福小輪公司	二零四六一	中環廣榮碼頭
興記小輪公司	二一零一九	中環 香港九龍紅磡 筲箕灣碼頭

（價目）普通租賃。第一點鐘租銀六元。第二點鐘以後每點租銀五元。用船時間長者。可另訂相宜租價。

中西酒店旅店客棧地址及電話表

(店名)	(地址)	(電話)
大東酒店	干諾道中一百一十二號	二六六二一
皇后酒店	干諾道中一百五十九號	三零三九一
東山酒店	干諾道西三十八號	三零三零五
亞洲酒店	干諾道中一百一十九號	二八一九一
大中華酒店	干諾道中一百二十六號	二七七五一
美洲酒店	德輔道中二百一十六號	二三三一四
鹿角酒店	大道中一百四十八號	二零五零五
香港大酒店	必打街	三零二八一
淺水灣酒店	淺水灣	二七七七五
法蘭西酒店	大道中一十三號	二六六三四
思豪大酒店	雪廠街	二六六六四
陸海通旅店	干諾道中一百五十號	二一九九五
東亞旅店	干諾道中一百四十三號	二一三五六

五洲旅店	干諾道中七十六號	二三三七一
共和旅店	干諾道中一百二十四號	二二一七八
台山旅店	干諾道中一百四十八號	二三五一一
南華旅店	干諾道中一百五十六號	二三九六七
環球旅店	新街市街三十二號	二三八九五
南京旅店	干諾道中八十號	二三三二八
東方旅店	干諾道中一百三十七號	二三一二四
東方旅店支店	德輔道中二百七十三號	二四九一二
中興棧	干諾道西二十八號	二五七六零
粵南旅店	干諾道中一百三十四號	二四二四九
廣發棧	干諾道中一百三十九號	二四三一一
人和棧	干諾道中一百一十八號	二四四九零
粵東旅店	干諾道中一百五十一號	二四五六二
高洲旅店	干諾道中一百三十六號	二六五四八
中國旅店	干諾道中五十八號	二二六九二
西南旅店	干諾道中六十三號	二三二三零

新全安旅店	干諾道中一百三十三號	二一六八九
泰棧	干諾道中九十七號	二一七四四
祺發棧	干諾道中一百三十一號	二一九二一
萬國旅店	干諾道中一百五十八號	二六零二三
長安棧	干諾道西一十三號	二一五五六
益生旅店	干諾道西八號	二三一二七
廣東大旅店	干諾道西二十七號	二四一五三
大羅天旅店	德輔中九十二號	二三零九一
廣泰來棧	干諾道中六十一號A	二一五四八
名利棧	干諾道中一百四十號	二一八一零
長發棧	干諾道中一百二十九號	二一零零九
新祺生棧	干諾道中六十九號	二一八四四
萬安棧	干諾道中九十二號	二七三零九
粵華棧	干諾道中一百一十七號	二三零三四
泰安棧	干諾道中七十三號	二三一九一
潮益棧	北街四號	二三二零三

三合棧	干諾道中一十百三八號	二一九三九
平安棧	干諾道中廿號A	二一三六四
錦綸泰	干諾道中一十七號	二一五六一
廣源興	干諾道中七十號	二三六五一
福利源	干諾道中一百一十六號	二一六零五
半島酒店	疏利士巴利道	五八零八一
九龍大酒店	漢口道	五八零零八
彌敦大酒店	彌敦道	五六六零零
金臺大旅店	彌敦道三百五十九號	五七七二六
亞洲大旅店	北海街一七號	五七八五八
鴻安棧	干諾道中八十一號	二一二八九
新亞酒店	德輔道中二零六號	三零三五一

香港西醫一覽表

李樹芬
醫務處大道中一六號太平行電話二零九六三
住宅火車路二號電話二零九三三

戴翰鏗
醫務處大道中三六號電話二二一一五
住宅堅道一四五號電話二二五一四

戴翰森
醫務處大道中三六號電話二二一一五
住宅堅道一四五號電話二二五一四

李樹培
醫務處大道中十六號電話二零九六三
住宅電話二零九三三

溫植慶
醫務處華人行電話二零零九六
住宅花園台四號電話二四七三二

胡惠德
醫務處華人行電話二四五一五
住宅巴丙頓道廿七號電話二四五二五

吳天保
醫務處大道中十六號電話二零九六三
住宅般含道廿一號電話二零一六零

周錫年
醫務處華人行電話二五四四一
住宅金龍台十二號電話二零八七八

葉大楨
醫務處華人行電話二一四一二
住宅堅道十一號電話二八三二一

黃仲敏
醫務處大道中七二號電話二三五七九
住宅金龍台十號電話二零四八三

黃錫滔
醫務處必打行電話二二五四一
住宅薄扶林道電話二壹四四一

羅伊活
醫務處德忌笠街十六號電話二六五五五
住宅金龍台一號電話二二八零七

何世全
醫務處大道中五十號電話貳二九零四
大道東一百三十七號電話二五二一九
彌敦道四百三十號電話五七六五三
住宅多寶街四號電話五六五二六

何顯女醫生
醫務處華人行電話二六三二五
堅道四四號電話二二九七七

左達明
醫務處德輔道中
住宅

馬祿臣
醫務處娛樂行電話弍六五零四
住宅薄扶林松屋電話弍一八九四

杜閣臣
醫務處大道中弍二號電話弍一三八零
住宅沙宣道電話弍零四九零

黃菖霖
醫務處彌敦道四六號電話五七二弍四
住宅旋他佛道二號電話五六一六五

王子傳
醫務處娛樂行電話弍六五零四
住宅般含道四九號電話二三六二八

霍永根
醫務處大道中一四號電話弍四三四一
住宅般含道四八號電話貳二七九三

周懷璋
醫務處德付道中二四號電話二零九四二
住宅禮頓山道三五號電話二二七二六

曾拱辰
醫務處彌敦道五百八十號
電話五八四六一

關心焉
醫務處大道中七四號電話二零七四三
住宅窩打老道一零一號電話五六一四五

何高俊
醫務處大道中五五號電話二一六三三
住宅石永渠街電話二一五零三

杜紹鴻
醫務處大道中二二號電話二一三八零
住宅電話二零四九零

區斯湛
醫務處德忌笠街一號電話二一壹一二
住宅啓仁道四一號電話五七三九八

馬超奇
醫務處娛樂行電話二六五零四
住宅堅道電話同上

趙柱臣
醫務處大道中八一號電話二零二四二
住宅大道東五九號電話二零二五一

黃國權
醫務處彌敦道三三七號電話五七四三六
住宅荔枝角道二一七號電話五六三六九

李松
醫務處大道中八二號電話二三六零三
住宅毓秀街一三號電話二零一三三

張榮棣
醫務處大道中四五號電話二零八一九
住宅羅便臣道三三號電話弍二四三零

單季生
醫務處大道中五三號電話二四五三三
莊士敦道一八五號電話二七五三八
住宅摩理臣道一四號電話二四二五零

莫棣田
醫務處德付道中四十號電話二四八五六
住宅活道四號電話二四七六三

蔣法賢
醫務處大道中六二號電話二四一九六
住宅般含道八三號電話二一六三五

李炳森
醫務處何東行電話二八六五八
大道東八四號電話二三二五一
軒鯉詩道一五六號住宅電話二四三九零

孫潤焜
醫務處娛樂行電話第二六七五三號
住宅巴丙頓道四號電話二弍壹一壹

馬惠文
醫務處德付道中一四號電話二二五七五
住宅堅尼地道二二號電話二零一八七

單樂生
醫務處大道中三五號電話二四六九一
住宅大道東一五五號電話二四七一五

尹奕聲
醫務處德忌笠街電話二零五七一號
住宅山光道第五號電話二六三六五號

葉錦華
醫務處彌敦道四九六號電話五七九四一
住宅何文田電話五七零二零

蔡子碩
醫務處德付道中六號電話二六四零零
住宅毓秀街十六號電話二六七一九號

李應猷
醫務處彌敦道三一五電話五七零七三
住宅窩打老道一零三電話五七零五九

周天湛
醫務處大道中六一號A電話三六三零
住宅堅道四十一號電話二二五四零號

香港接生一覽表

黃雪卿　利源西街十號電話二三二三九

戴福常　醫務處電話二二一一五　住宅堅道一四五號電話二二五一四

戴福善　醫務處電話二二一一五　住宅堅道一四五號電話二二五一四

潘黃氏　舊卑利街十三號電話二三三零八

郭素眉　威靈頓街卅七號電話二三五四零

江七姑　西邊街五號電話二四一八零

胡師奶　德付道西二九七號電話二五零三九

駱鳳瓊六姑　大道西三五三號電話二五三七七

林月顏　鴨巴甸街四十七號電話二五七三零

葉惠芳　卑路乍街四十五號電話二六四七一

溫芷芳　駱克道四二九號電話二六一三七

李蘊玉　湘　堅拿道東一號電話三零四八四

潘瑞明　砵甸乍街三十六號電話二三四八八

戴小濱　軒鯉詩道二七九號電話二六八七六　禮頓山道二十七號電話二零六二三

陳雪貞　荷李活道三十二號電話二五九五一

何恩清　上海街四三七號電話五七二零七

陳衛坤　上海街二一八號電話五七四九六

林大姑保產所　彌敦道六一零號電話五七八四六

李端平二姑　溫思勞街十七號電話五六三一六

吳卓卿　佐頓道十六號電話五六三一八

李玉容　上海街三九七號電話五七九三六

羅用柔　上海街五六五號電話五八二六六

陳碧貞　荔枝角道二七八號電話五六九八四

關十一姑　窩打老道一一五號電話五七八三二

梁佩玉　九龍城蒲江道十五號電話五六七七八

本港假期

（一）普通假期。每星期日。
（二）西歷元旦。若遇星期。則下星期一日。
（三）夏歷新年初一。若遇星期。則下星期一日。
（四）夏歷新年後第一辦公日。如新年在星期日。則下星期二爲補假。
（五）耶蘇受死日 Good Friday
（六）耶蘇受死之翌日。
（七）耶蘇復活日 Easter Day
（八）英皇壽辰。如港督改期。則照改期爲假期。
（九）聖神降臨日。 Whit Monday
（十）七月第一星期之辦公日。若遇星期。則下星期一日。
（十一）八月第一星期日。若遇星期。則下星期一日。

(十二)九月第一星期一日。若遇星期。則下星期一日。

(十三)歐戰和平紀念日。若遇星期。則下星期一日。Armistice Day

(十四)耶蘇誕生日。若遇星期。則下星期一日。Christmas Day

(十五)十二月廿六日若遇星期。翌日爲補假。如耶蘇誕生日在星期日。星期二爲補假期 Boxing Day 公衆假期。

(十六)英國國慶日。即五月廿四號。如該日是星期日。則星期一爲補假期。Empire Day

(十七)雙十節。十月十日。如該日是星期日。則下星期一日爲補假期。China National Day

香港居民禁例撮要

(一)不得窩娼聚賭。及藏匿軍火賊贓。

(二)不得吸食私煙。

(三)凡由別埠來港。携有煙酒者。須領入口紙。及繳交所應納稅餉。否則處罰。

(四)不得在公衆地方。或私家屋宇附近。赤身洗浴。

(五)不得在公衆地方附近。任意吹號擊打鑼鼓。騷擾行人。恐嚇來往車馬。

(六)不得將牛馬弛放於公路之上。

(七)不得蓄養狂性之犬。任其向人亂吠。或命犬恐嚇過路行人。

(八)凡騎馬乘車。不得在行人路行駛。在公路行駛時。亦不得太速。有危生命。須依左上右落之規章。方爲合例。

(九)不得擅按別人門鐘。及敲別人門㦸。

(十)時屆深夜。不得喧嘩聚賭。騷擾附近居民。

(十一)不得在公衆地方耍樂、阻碍交通。

(十二)凡在娼寮酒樓旅店宴會。如過夜間十二時。則不得喧嘩。及大聲猜枚。違者可罰欵十元。

(十三)不得放棄物件於路心。危及來往車輛行人。

（十四）不得投棄污穢等物於政府屋宇及公衆地方水井水塘等之內。或將污穢之物貯於屋內。有礙同居衛生。

（十五）爲業主或住客。見有屋宇破壞。屬于危險者。須從速修理。免危及行人生命。

（十六）未領有人情者。不得擅掘地壕。

（十七）不得在屋宇三佰碼附近燒鎗。如違罰欵壹百元。

（十八）未經政府有人情者。不得燃燒爆竹。

（十九）未領有人情者。不得多過拾一人聚衆開會

（二十）未領有人情者。不得在政府地方建築屋宇棚廠等。如搭竹架。亦須領準人情。

（廿一）凡標貼或塗寫廣告。未有業主或住客人情。不得擅自標貼或圖寫於墻外。或籬巴之上。

（廿二）不得建築茅廠或葵盖。或引火物料。於隔隣有危險者。

（廿三）凡販賣貨物。不得在未有人情地點內。大聲叫賣。有碍公安。如違處罰。

（廿四）凡屬婦女。不得在公衆地方。或騎樓窗門口之上。招引男子。作不端行爲。違者可罰欵伍拾元。

（廿五）凡在入夜至晨早六時休息時間內。不得喧嘩。有碍公衆休息。違者可罰欵一百元。或監禁三個月。

（廿六）凡有畜犬如犬主知其犬染有顛狂病。倘仍任其出外遊蕩者。可罰欵式佰伍拾元。或監禁

三個月

(廿七)不得將地界石搬移。違者可罰欵五十元

(廿八)不得毀壞公衆樹木。及破壞籬巴圍墻橋樑堤岸等。違者罰欵弍百五十元。或監禁三個月。

(廿九)如有携帶利器及線鎖等件。合作不端行爲者。可罰欵弍佰伍十元。或監禁三個月。

(三十)如用粗言惡語。或恐嚇說話。有碍治安者。可罰欵弍佰伍拾元。或監禁三個月。

(卅一)倘有假冒軍人。冒穿差人制服。入別人屋內者。可罰欵弍佰元

(卅二)如在日落後至晨早六點鐘內。差人見有無業遊民。及形跡可疑者。則警察有權將可疑之人拘拿至警署問話。不用拘票。

(卅三)凡有思疑之贜物匿藏於某屋內。原告可向裁判官或太平紳士處發誓。則裁判官或太平紳士當發給搜查票。交警察辦理。如仍恐力不足者。則準可加派警察。協同查辦。

(卅四)每日由下午八點至晨六點之時間內。倘住戶有搬運行李傢私等物出外。如無充份憑據。形跡可疑者。警察有權將其扣留查問。

(卅五)如有有私運別國銀元或銅元。未得副政司允準者。可罰欵一千元。

香港刑律撮要

(一)用毒藥謀殺。或傷害別人肢體者。可判終身監禁。
(二)謀殺用火藥或炸藥。毀壞房屋者。可判終身監禁。
(三)在船上放火者。可判終身監禁。
(四)用毒藥槍彈弓箭謀殺。或焗死及綑斃人命者。可判終身監禁。
(五)輪船遇險時。阻止別人逃生者。可判終身監禁。
(六)用痲藥胡椒行不端事者。可判終身監禁。
(七)代人落私胎者。可判終身監禁。
(八)假冒別人股份及收息票者。可判終身監禁。
(九)私改別人銀行數目。及私造股份轉手紙者。可判終身監禁。
(十)冒名簽假字者。可判終身監禁。
(十一)私進或私鑄政府金銀圓者。可判終身監禁。
(十二)私將別人囑書盜取毀壞或藏匿者。可判終身監禁。
(十三)寫打單信勒索別人者。可判終身監禁。
(十四)恐嚇迫勒人簽字者。可判終身監禁。

(十五)誤殺別人生命者可判終身監禁。

(十六)在火車軌上放木料等。或毀壞路軌者。可判十四年監禁。

(十七)拐帶人口。及擄人勒索者。可判十四年監禁。

(十八)在政府機關當職。而虧空公欵者。可判十四年監禁。

(十九)用信恐嚇。謀殺別人者。可判十年監禁。

(二十)使人或串同謀殺者。可判十年監禁。

(廿一)私藏賊贓者。可判七年監禁。

(廿二)爲權理人私將物業等賣與別人。爲自己私利。非爲受託計。可判七年監禁。

(廿三)在身上懷有多過三個假銀者。可判監禁三年。

(廿四)用器械或無器械傷害人肢體者。可判三年監禁。

(廿五)將二歲以下之小孩丟棄。或放於空曠地。危及生命者。可判三年監禁。

(廿六)駕駛車輛。傷及人肢體者。可判二年監禁。

香港華僑則例

華民政務司執行

(一)域多利城分爲十約

(一)堅尼地城。(二)石塘咀。(三)西營盤。(四)太平山。(五)上環。(六)中環。(七)下環。(八)灣仔。(九)寶靈頓。(十)掃桿埔。

(二)凡新買入舖屋。該業主須予十五天內。將住客姓名及職業。照格紙塡明呈遞華民政務司署(該格式紙可向華民署取。註册後卽給回一憑證)。

(三)華民政務司。可隨時傳業主或代理人或收租人到署問話。

(四)如住客私售猛烈酒。一經査出。卽行控告。如售主不能尋覓。則包租人或業主應負控罰。

(五)凡宗敎巡遊。不得在域多利城內路上吹打音樂鑼鼓等。(婚姻喪葬者不在此例)。

(六)在域多利城內。除結婚及殯葬外。每日由下午十一點至上午六點。不得在屋內吹號筒。及玩弄音樂

(七)未得政府人情。不得列隊巡遊。及玩弄音樂。

(八)凡慶祝神誕或時節等事。如在域多利城內。及其附近村落及屋宇一百碼內。不得建設引火之上蓋。及天遮等物。惟喪居棚架。在四十八去点鐘內拆者。不在此例。

(九)不得在域多利城內。及堤岸三百碼內。燒放烟花。

(十)凡演劇須先將戲劇呈華民署檢核。否則不得開演。

(十一)未得華民政務司署人情。不得私貼街招。

(十二)除教堂外。未有人情不得叙衆開會。

(十三)凡婦人倘無失德。及不端行爲。而爲丈夫所棄者。如正式結婚無論正室或繼室。均可呈禀裁判道。求其夫每月供給贍養費。

(十四)凡男子或婦人。以中國禮儀舉行重婚者。可罰欵伍佰元。或監禁六個月。

保護兒童則例

(一)凡拷打或虐待兒童。與置未滿六十歲之兒童於惡境。足以發生不應有之種種痛苦。或損害於其身體者。

(二)不爲兒童衣食住謀適當之供給。或其力有未逮。而又未嘗向管理兒童此項供給機關社會請求救濟者。

(三)任用未滿十五歲之兒童爲危險服務。如水鑊之工作。或炮竹玻璃之製造廠者。

(四)任用十歲以下兒童在廠服務者。

(五)任用十歲以下兒童。爲工藝上服務。而於每廿四小時內其工作時間。合共計。多過九小時者。

(六)任用兒童爲工藝上之服務。其工作時間連續多過五小時者。

(七)任用兒童爲工藝上之服務。其工作時間。在晨早七點之前。與晚間七點之後者。

(八)任用兒童負重物件。其重量逾于其年齡及其身體發育上所相當者。

(九)任用兒童負重物件其重量逾四十斤以上者。

(十)任用未滿十弍歲兒童負担煤炭。或建築物料或瓦礫者。

(十一)任用未滿十歲兒童。在任何地點內。當揀貯爛布。及清潔毛髮。或鷄鴨毛等工作者。

（十二）任用女童當醜業者。
（十三）向未滿歲女童。施行誘惑者。
（十四）顧用婢女服務者。
（十五）任用女僕服務。而年齡未滿十歲者。
（十六）蓄婢而未註册者。
（十七）虐待或重勞婢女者。
（十八）將婢女轉授於別人者。

無論何人。倘知有觸犯以上各條之禁例者。當即報告兒童保護會之義務司理。至告發者之姓名。當嚴守秘密。倘為構陷性質。經有確實証名者。不在此例。

蓄婢註册手續

一九二九年十二月一號頒行

（一）婢女註册事項。由華民政務司辦理。居民有蓄婢女者。可往華民政務署註册。或新界大埔註册。或各警署註册。册部由華民政務署保存。

（二）註册細則。詳列婢女註册甲字表。又註册册部須該婢女打印指模。

（三）册紙塡妥後。須婢女細讀一遍。或向婢主細讀一遍。倘遇婢女或婢主不識英文。則須向之解釋。然後由婢主簽字。

（四）註册之後。發回二票。一與婢女。一與婢主。此票書有中西文。以便隨時可以根查。婢女或婢主須要善爲保存此票。

（五）（甲）婢主如遇下列各點事情時。要向註册處報告。（子）婢女死去。（丑）婢女失踪。（寅）帶婢女離港不論久暫。（卯）遷地址及易主。（辰）婢女結婚。（巳）造就報告之後。可寄交華民署。或大埔理民府。或各警署。倘遇失去註册時發回之票。則須將報告書直交華民署。

（六）如遇舊僱主已死。轉換新僱主時。須向華民署報告。或大埔理民府。或各區警署。又遇此時期。須帶同該婢女前往。

（七）凡在十歲以上至十五歲以下之婢女。每月須給回工金一元。十五歲或十五歲以上之婢女。每月須給回工金一元伍毫。

(八)凡婢女如遇華民署傳見。無論何時何地。婢主須要遵從。

註冊格式

(甲)註冊之格式紙如下。(一)次第(二)註冊日期。(三)婢女之名。(中西文并用)(四)婢女住址。(五)婢女年歲。(倘婢女之出世年份已知之者。必須塡明。倘只塡婢之年歲。而未及其出世年份。則須聲明所書年歲用華文計算。或英文計算。(六)婢女之父名。(中西文並用)(七)婢女之母名。(中西文並用)(八)婢女出世地方。(九)婢轉僱于人該人何名(中西文並用)(十)僱婢之人住址。(倘此婢女住址同則不用報告)(十一)僱婢之人職業。(十二)何時受僱。(十三)僱婢之人簽名。(十四)將註冊手續向僱婢之人及婢女解釋者簽名。又關于註冊手續請看一九二三年則例第一欵第六叚第二項例文。該例文云。

凡僱有婢女者。須使婢女衣食充足。無得虐待。倘婢女有病。須聘醫生診治之。與親生女一體看待。無得歧視。

證書格式

(乙)給回婢主及婢女之證書。(一)僱用婢女者之名。(二)婢女之名。(三)次第(注意)根據香港則例。小童是不能販賣或買入者。欠下債項。無論如何。皆不能以小童作抵。

一九二九年修改婢女則例

婢女註册期限旣滿後。(即一千九百三十年五月底止)凡屬別處婢女不得携帶來港。否則可罰欵二百伍十元。已註册者不在此例。

不得收容未經註册之婢女。否則可罰欵五百元。或監禁六個月。

凡經裁判道裁判?定有虐待婢女行爲者。可處以監禁一年。并不得以欵代罪。

華人廟宇規則

（一）華人値理可條陳議例局頒行。
（甲）注册。管理。及巡閱廟宇辦法。
（乙）管理及核算廟宇欵項。
（丙）規定司祝之職任。
（二）凡本港現有非全間作廟宇者。俱不準設立。
（三）全間屋宇作爲廟宇者。須於六個月內註册。
（四）立例後。凡新設廟宇者。亦須要註册。其註册地点。可向廟宇値理主席華民政務司入禀。
（五）華人廟宇。所有稅收入息資產等。統由下列之委員會委員全權管理之。
（甲）定例局。及議政局。現任華人代表。
（乙）港督委任之團防局代表一名。
（丙）港督加委之潔凈局華人現任議員。
（丁）東華醫院首總理。
（戊）保良局現任局員。

(己)港督加委之東華醫院總理而居於九龍或新九龍者。

(庚)華民政務司。又華民政務司常任廟宇委員會主席。有五人出席爲合例。

(六)爲管轄起見。廟產須轉華民政務司名字。其入息除料理廟宇及廟產及神誕外。其餘撥入本港慈善機關。

(七)值理有權將司祝開投。或直接委任。

(八)文武廟不在例內。

(九)太平山觀音堂。綏靖伯廟。香港仔譚公仙聖廟。銅鑼灣天后廟。免註册凡免註册廟宇。祇在廟內簽題。不得向外張捐簽。

(十)如私廟設宇。未有註册者。可罰欵伍百元。

貧苦無靠者投訴辦法

（一）凡案件未提審以前。如無力投訴或辯駁。可入禀求政府代訴。或代爲辯護。

（二）入禀時須兼有誓章。入禀人簽誓。及有兩位鄰居屋主簽字。或有關係二人簽誓。及聲明他除衣物外。並無所值五十元之財物。

（三）法庭即交律政司。或狀師將案件參考。入禀人須將控告或辯護理由告知律師。如該律師調查禀詞確實。即簽回執照。呈遞法庭。該法庭則准投訴。法庭當令律師代爲投訴或辯護

（四）律師費及堂費。入禀人不須繳納。如勝訴律師費及堂費則由輸案者交納。

香港公園規則

(一)開放時間。每年由四月一號起。至九月底號止。每日由上午六點至下午七點半止。十月一號至三月底止。每日由上午六點起。至下午六點止。

(二)如遇有慶典時。督憲批准該園總關閉一部或全部。非有憑券不能遊玩。

(三)不得肩担物件入公園。以作公路來往。

(四)衣履不齊者。不得入園遊覽。

(五)凡公衆及私家車。不得駛入園內。若兒童車仔。則可隨便入園遊玩。至于病人。如得公園總管允許。可乘轎入園。

(六)凡無繩練帶引之犬。不得帶入園內。

(七)不準在園內放紙鳶。或由附近地點。將紙鳶放入園內。

(八)園內銅像。花屋。茅寮。雀籠。音樂座位等遊客不得毀壞。

(九)遊客不得採擇及損害園中花木。

(十)遊客不得在櫈上及園中屋宇睡臥。並不得踏足於椅上。

(十一)除小童外。遊客不得在草地偃臥。

卜公園規則

（一）遊客不準擅將花木採擇。及毀壞園中物件。以重公益。
（二）凡肩負物件者。不準入園內遊覽。
（三）凡公衆車。及私家車。不得駕駛入園內。但病人如得該園管理人允許。可能乘轎到遊。又如小孩乘細小之車仔。可準入園內遊玩。
（四）園內椅桌不準睡臥。幷不準踏足于椅上。
（五）不準在園內放紙鳶。
（六）入園遊玩者。須守秩序。不得喧嘩。及不法舉動。
（七）如遇有慶典時。該園總管有權將全園或一部份關閉時。遊客須憑劵方能入內遊覽。

九龍漆咸道兒童遊樂場規則

(一)例文遊樂塲二字。指凡屋宇籬巴及所有建築物在內。
(二)遊樂塲內不準標貼。
(三)除工務司命令外。凡該塲關閉時期。不準入內。
(四)除特準外。不得負担物件入塲內。
(五)衣履不齊者不準入內
(六)不得帶犬入內。
(七)凡入此遊樂塲內。須守文明。不得作不端舉動
(八)不得踏足於欖上。及不準臥於屋宇或欖上,
(九)不得毀壞塲內傢私等物。
(十)凡男子在十三歲以上者。塲內所設之鞦韆架。及各種兒童玩具。不得享用。
(十一)凡男子在十三歲以上者。不得用塲內兒童厠所。
(十二)開放時期。每年由四月至九月內。每日由上午七點至下午六點半止。由十月至三月內。每日由上午六點半起至下午七點止。

來往尖沙咀及香港小輪規則

(一)輪上有一房。書明禁止食烟者。搭客須要遵守。
(二)在輪內不得唾涎。並不得踏足或睡臥於椅上。
(三)携帶包件。重量在二十八磅以上者。不得放在椅上。及阻碍搭客來往之地方。
(四)不得由輪過艇。及不得由艇過輪。
(五)不得借用別人長行船票搭輪。
(六)凡醉酒人。不得搭頭等座位。
(七)凡帶犬搭輪。須用繩帶援引。
(八)凡衣履不齊者。輪中職員有權阻止其搭頭等座位。

卜公碼頭規則 俗稱皇家碼頭

(一)不得攀援於碼頭欄河扶手之上。
(二)不得睡臥或踏足於椅上。
(三)不得在碼頭內放紙鳶。
(四)凡在碼頭上落。須守秩序。不得喧嘩
(五)不得在碼頭唾痰。

（六）衣履不齊者。不得坐位。
（七）凡船隻在碼頭上落時。閒人不得在碼頭內站立。阻碍交通。
（八）不得將攎㩦等物。放棄於碼頭內。
（九）碼頭內所設之椅。有書明祗留回女界用者。除十歲內小孩外。其他男界。不得亂坐。
（十）碼頭內有等座位。標明買票方得入座者。遊人非買票者不可亂坐。否則面斥不雅。

尖沙咀碼頭規則

（一）不得企或坐于欄河扶手上。
（二）不得睡臥或踏足於櫈上。
（三）不得在碼頭內放紙鳶。
（四）凡在此碼頭上落。須守秩序。不得喧嘩。
（五）不得在碼頭內唾涎。
（六）衣履不齊者。不得坐位。
（七）路口上落地方。不可緩步遊行。致碍交通。
（八）不得遺棄禾草帋碎。及攎㩦等物於碼頭內。
（九）凡牲口及菜蔬。不得行經碼頭。必須由外便或東便之處上落。

夏曆新年香港及九龍各區燃燒爆竹時間

香港政府。以我國夏曆新年。華人習俗。燃燒爆竹。此雖非犯法行爲。惟恐發生意外。故畧加限制。每年夏歷歲底。警司均有一次之佈告。茲將一九三三年佈告列左。以便僑胞參閱焉。

警察總監胡　　爲

佈告事現奉

督憲令開舊歷元旦將屆特准本港居民人等於下開時間表內第一項所列地方依照該項規定之時間燃放爆竹（惟違例之爆竹烟花則不在特准之內）仍須遵照該表內之第二項各限制章程辦理等因奉此合行佈告俾衆週知此佈

計開

時間表

第一項

特准燃放爆竹地界如下（惟仍須遵照本表第二項各限制章程辦理）

域多利亞城方面

（一）由皇后大道東海軍醫院門前起至堅尼地道沿堅尼地道至慶雲街後便落石水渠街至皇后大道東沿皇后大道東至太原街及柯擺連道至高士打道沿高士打道至史多域道復沿史多域道及克街至工務局貨倉地界週圍所包括之地方

上開界邊街道或其一部份均作界內計

以上界內各處准放爆竹時間如下

一九三三年元月廿五號星期三日（除夕）下午十一點起至翌日元月廿六號星期四日上午一點止

一九三三年元月廿六號星期四日（元旦）由上午八點起至上午九點止又由下午五點起至下午六點止

一九三三年二月一號星期三日（人日）由上午六點至八點止

九龍方面

（二）九龍半島柯士甸道以南各處地方

以上界內燃放爆竹時間照上第一欵

（三）下開界內各處（界邊街道亦計在內）

由柯士甸道沿彌敦道至界限街由界限街至鐵路由鐵路至九龍塘之北盡頭處轉至康和道窩打老道由窩打老道至太子道再至亞皆老街由亞皆老街復至窩打老道由窩打老道至鐵路第四號橋再由鐵路至漆咸道復由漆咸道至柯士甸道週圍所包括之地方佐頓道全條計在界內

以上界內燃放爆竹時間照上第一欵

（四）香港九龍其他各處准放爆竹時間如下

一九三三年元月廿五號星期三日（除夕）下午四點起至元月廿七號星期五日（年初二）下午四點止

一九三三年二月一號星期三日（八日）由上午六點起至上午九點止

第二項

限制章程

下開地界內不准燃放爆竹

由高陞街起一直線至其西便街尾止即該街與德輔道西會合處復由該處沿德輔道西直至與正街會合處止又由正街起直至般含道止又沿般含道（該道亦包括在內）直至磅里東便直線與般含道相接連之處由此里通至荷理活道與皇后大道西交界處又由皇后大道西至與皇后街交界處又由皇后街至高陞街止（即此界線之起點）週圍所包括之地方界線之街道其未聲明作爲界內者均作界外計

凡燃著之爆竹或別種燃著之物不能拋過人頭上或拋近人身或擲近惹火之物又須極力提防以免有意外之事

凡基督教堂附近於該教堂叙集祈禱演講時不准燃放爆竹

凡地雷炮電光炮金錢炮均嚴禁燃放

居民人等對於特准燃放爆竹須注意一八四四年至一九二五年香港章程彙編第二百八十四頁所載之章程經於一九二七年四月一日第一百八十七號憲示佈告修改者茲將該章程開列於後

凡爆竹烟花如係一觸卽炸者或含有爆炸原料而非祗黑火藥臤炭硝磺鹽鉀等混合質者又或每一藥引含有鹽鉀之爆炸混合質重量超過十英釐者無論何人均不得製造售賣或存貯

凡居民人等燃放及拋擲爆竹如有違例之處均可按照一千九百卅二年簡易罪名則例控告

又經嚴令警察對於燃放爆竹烟花如有違犯上開章程者定必拘拿或控告

一千九百三十三年　　元　月　　十三日

畜犬則例

（一）凡在港或九龍之居民。畜犬須領牌照。（在新界者不在此例。）
（二）（牌費）犬母每年六元。犬公每年三元。每年以十二月底爲期滿。
（三）凡種植看守之犬。如呈上警署察驗。可免領牌照。
（四）凡領牌時。警署所發給之銅質號碼牌一個。須懸於該犬頸帶之上。否則定爲警員捉去。或槍斃。如遺失牌照。須要補領。補領費一元。
（五）凡由別埠到港。非有人情。不能携犬到港。
（六）凡携犬附輪來港。如船主見有獸醫官發給犬禁人情帋。方準搭客携犬登岸。
（七）凡入犬禁時期。犬主須每頭每天繳回給食費一毫。如過期十五天不繳交者。則將該犬發售。或槍斃。其犬主毋得追究。
（八）凡在香港。九龍。及新九龍。畜犬者。每日在下午十時至翌晨上午六時內。不得放犬出外遊行。否則警察有權將其擊斃。
（九）凡携犬過境。須領執照。因華界附近。時有狂犬發現。如犬主欲由小輪或汽車携犬入新界。或由新界携犬至港內各處者。須先向獸醫處領取執照。
（十）凡政府頒行示諭。于癲犬發生時期。限制犬主。如放犬出外。須帶咀笠。或用繩接引。否則控罰不貸。

公衆衛生規則

本港屋宇。其業主於屋宇衛生。多數疏忽。而住客亦多不講究也。政府爲注重衛生起見。故有清淨局之設。(即衛生局)以匡業主之不逮。隨時派員到各處屋宇查驗。凡遇地方有危險破爛或不潔者。即派函通知。倘業主或住客收到此種函件。有不明白者。可到清淨局詢問。便當詳細答覆。

凡接到衛生局來函。着修理地面厨房傍水鼠穴坑渠水筒等。如初次通告修理。緩辦尚可通融。倘再次派告示式通告。則不能延緩。如不依期修理。定必控告。致遭處罰也。茲特將所派信式。告示式。及控告票紙。一一列下。以便參閱。俾得接到時。不致違例也。

通告式

清淨局總幇

諭　　　　街第　　號　樓業主

知悉茲查得該屋　　　　係不遵章辦理查

章程該　　　　須　　　　今特諭知

該屋客從速留心辦妥前來本局或清淨分局報知以便派清淨局

幇辦於七日內再行勘視特諭

壹千九百三十　　年　　月　　日

清淨局衙門發

告示式

清淨局經歷　案奉　清淨局
諭住　街門牌第　號　知悉
照得現因下開所犯有碍衛生一事經已查確在爾之屋內即
街第　號屋故特諭爾務須於七日內之限
期其限期由此諭所給之日起計遵照下開之法將有碍衛生
之事消除此諭
一千九百　年　月　日諭
所犯係何有碍衛生之事該屋　樓　後
之　穢水筒閉塞及破爛
應如何設法消除該有碍之事須通潔及修整該穢水筒

若不明白此示可前赴本寫字樓請示自當曉諭一切除禮拜日外每日須於上午九點及下午兩點惟逢禮拜六日須於上午九點鐘到署

此告示內列各人倘於各條欵有不滿意之處須將情節稟報清淨局經歷司

撮錄一千九百零三年保衛民生及屋宇則例如左

第廿九欵　若淸淨局閱報某屋有汚穢查屬眞確可卽給諭弄汚穢之人若弄汚穢之人不能尋覓則給諭屋主或其屋客幷按幷情定限勒令將汚穢設法消除若其屋之汚穢因建造不週或整作未妥所致或其屋內無人居者該諭則給屋主若弄汚穢之人不能尋覓幷查確該汚穢非屋主或屋客所弄者該局可卽將汚穢消除如汚穢發生在小巷天井路樓梯口樓梯瓦面厠所屎厠水厠或別處等地方爲兩伙人或多過兩伙人同居而該屋乃作爲住所寫字樓工場工廠或貨倉之用者按例照此附例可卽給諭屋主辦理

第三十欵　若有人犯附例內各節該局可諭明其人如何辦理方合幷令其於諭期內遵卽舉行

凡犯附例各節經歷司或淸淨醫官或副醫官或該局所委之員弁均不須該局預先給諭違犯者可卽控其於裁判道一經判爲違犯卽罰銀不過五十圓

第卅一欵　若按照第廿九或第三十欵所給之諭奉諭之人有不輸服可於諭限之期內將各情由禀請該局將原諭詳察該局據禀可將各事再查商至或將該諭更改或不更改或將諭暫停舉行或全删或將限期寬展各事皆由該局作主

第卅二欵　凡接諭之人未經該局將該諭更改或删除有不遵諭內各節舉行或其屋內經有汚穢雖已消除該局意見仍恐再犯者該局可將其不遵諭辦理及弄汚穢各事移文裁判道票傳該人質訊

第卅三欵　裁判道既閱該局諭內各節係屬合例或有的據知汚穢確在該屋或其汚穢雖已消除仍恐再犯可諭令該人遵依該局各節諭幷依諭內限定日期設法消除汚穢各件裁判道亦可將接諭之人判以罰欵該欵不過五十圓幷可勒令支給各項費用至審訊之日爲止或至給諭之日爲止

第卅四欵　若裁判道查其屋確有汚穢且汚穢之勢有令該屋不合人居者可給諭或將諭貼在該屋禁人居住又可諭令業主將該屋緊閉倘有通道亦須緊閉待該屋修作妥合至裁判道合意認爲合人居住裁判道卽再給諭示明該屋係合人居住由示諭之日起該屋卽可居住

第卅五欵　凡人有犯示諭不遵該局或淸淨醫官或副醫官或淸淨局選定議員所諭各節舉行而裁判道確查該人果未盡力遵諭舉行者每日可罰銀不逾十大圓至遵諭之日爲止凡人有意抗諭每日可罰銀二十五圓無論何員卽可入諭內所指之屋將汚穢設法消除所費各項由臬署向接諭之人控追

凡裁判道之諭貼在各屋宇者如有人毀爛塗汚卽罰銀不過五十圓

差票

控告票格式

香港巡理府　　　　　　　　　　　爲
事傳訊事案照原告　　　　控稱被告　　　　於
本年　　　月　　　日在　　　地方
爲　　　　事係屬違例爲此票傳知爾被
告　　於本年　　　月　　　日　午
　點鐘投案聽候質訊按律懲辦特票
年　　　月　　　日

仰該役將此票抄白交與被告取看如不能交與該人或將此票交與同屋之人至其不能交與該人之故仍須禀覆

衛生則例

（一）衛生醫官。以爲某處屋宇有發生不潔。有碍衛生者。可以有權每日在上午六點至下午六點止之時間內。發給手諭。命帮辦入屋察驗。但仍須預先兩點鐘通知。如通知後住客有抵抗命令者。可罰欵二十五元。

（二）無論何處屋宇如清淨局認該屋宇，有碍公衆衛生者。則呈請港督將該屋宇每三間拆空一間樓上之樓。但該被拆之屋宇所受損失。政府當照數補置。其補置辦法。由公証人判定之。

（三）屋宇住人限制其限時間乃在夜後十一點至晨早五點止

（甲）凡屋內所住人。每人需五十丁方尺面積。或五百五十立方尺空氣。

（乙）凡磚墻式之房內未間格者。每人例需三十尺丁方尺面積。或三百三十立方尺空氣。

（丙）外人住所區域或山坵地方。除僕人外。每人需一千立方尺空氣。

（丁）建築工廠。住人不加限制。

（戊）凡樓內房間用作厨房者。不准住人。洋巷掛廊之墻。如閘至天花者•不得作住人空氣計。

（己）凡計人限。十歲以下之小童。兩名作一成丁者計算。

（庚）凡房間所安設之碌架床或睡床。不得多過所限定之人數。

（四）間房要例

（甲）樓上用屏門或板帳間房。每房至少須有六十四丁方尺積面。長濶每邊不得少過七尺。及不得高過六尺。

（乙）房頂與樓底相隔至少有四尺之空位。其空位可用鉄網或欖核子或車子間齊。以防竊盜。

（丙）凡樓內房用磚墻間至頂者。除非設有天窗或窗門。其面積有房內之面積十份之一。及其窗一半可能開閉。玻璃透光須占窗門面積之一半。否則不准住人。

（丁）厨房內不得間房。

（戊）凡屋宇之樓下不得間房。祇准間一屏門。一飾櫃。一賬房。其屏門須三份之二能開閉。其飾櫃濶度不得多於樓下濶度三份之二。其飾櫃與樓底須要留回空位四尺。賬房櫃圍。不得高過三尺六寸。但當舖櫃圍。其高度可准七尺六寸。

（五）天花板。爛板墻。梯底板。是臧聚蟲鼠之處。新建者不准安設。舊有者亦須拆去。

（六）凡衛生局有派紙通告洗太平地。無論何處須依期遵辦。（倘遇風雨。不在此例）

（七）凡地面磚碎破爛。須即自行修理。免臧鼠虱。爲傳染之媒。

（八）凡墻壁有吼。或別種破爛。亦須即塡塞修理。免藏蟲鼠。

（九）凡暗渠閉塞。須卽通妥。如街外總渠閉塞。係屬政府範圍。可函知渠務局辦理。

（十）凡花園或住宅設有噴水池。必須多養魚類於池內。以爲殺滅蚊蟲之用。否則不准安設。

（十一）凡墳墓執骨。或遷移金塔。非得清淨局人情。不准動工。其人情紙祇可給與其最親屬者。倘未領人情者。可罰欵式佰元。

（十二）潔淨灰水

本港舖屋。租値昂貴。普通居民。多屬數伙同居。故對於衛生。不無欠缺。是以政府規定。凡唐式舖屋。每年須依下列期限。應掃白色灰水一次。可由業主自行着工匠油掃。或託清淨局代辦。其費用每年均有規定。如欲託其代辦者。必須預先交銀。及將格式紙塡寫呈遞。即向收銀人取回收條。如自掃者。過期不掃。該局定執行代辦。該費用由業主支給。凡唐式屋宇全間而僅一伙居住者。倘合衛生。可呈稟清淨局求免掃灰水。定能獲准也。

清淨局示諭洒掃年例灰水各區期限條例

一千九百零三年保衛民生及建造屋宇則例。附載B字內第三條屋宇整潔通氣章程列左。

本則例內所載之屋宇。其全間或一部份非止一家人居住者。除清淨局破格准免外。須由業主全間全部洒掃白灰水。整理潔淨。每年至少一次。務須合清淨局之意爲率。下例各叚之屋與洒掃灰水。各有期限。如洒掃妥後。須於三日內禀報清淨局。（凡西人居住界內之屋。及對海九龍柯士甸道以南之住戶。（除海防道廣東道外）及所有屋宇作舖店寫字樓貨倉之用者。不在此例。）

計開各叚界址及應洒掃時期。

第一段　香港域多利城由機利文舊街及卑利街以東爲界。（機利文舊街卑利街在內。包連黃坭涌大坑銅鑼環七姊妹屈非路鰂魚涌西灣河筲箕灣至筲箕灣天后廟止。各屬內各村落在內。）限以十月至十一月底止。

第二段　香港域多利城由機利文舊街及卑利街以西。至水池巷及急庇厘街爲界。（水池巷急庇厘街在內。機利文舊街卑利街則不在內。）限以十二月至正月底止。

第三段　香港域多利城由水池巷及急庇厘街以西爲界。（水池巷急庇厘街不在內）。限以二月至三月底止。

第四段　九龍及新九龍由彌敦道及北便一帶。直線至新九龍之北邊界以東爲界。（彌敦道在內）

。限以十月至十一月底止。

第五段 九龍及新九龍由彌敦道及北便一帶。直線至新九龍之北邊界以西爲界。（彌敦道不在內）。限以十二月至壹月底止。

計開解明諭意

按諭內所指全層。乃包括屋內各房之牆壁。樓梯。房仔板障。樓梯底板內外兩便。天花板。屋宇寫字樓工役房及騎樓之瓦底。均要一概洒掃灰水。

天井之牆壁所掃灰水。須掃至二層樓高爲度。凡有雕花油漆光滑木料。雖不用掃灰水。惟必要洗刷潔淨。

淸淨局取締食物店條例

本港食物店。如酒樓茶室。飲冰室。西餐館等。淸淨局常派員檢查。遇有不潔者。卽命潔淨苦力爲之洗滌。免碍衞生。更設有新規。詳列如左。

（一）凡未向淸淨局領執照者。不准在任何屋宇或一部份開設食物店。

（二）凡欲開設食物店者。可向淸淨局討取領牌格式紙。塡寫妥當後。向該局請領牌照。

（三）凡食物店所有器皿。必須潔淨。地面每日最少須洗滌一次。除淸淨局總辦准免者外。所有內墻與房中天花板。必須妥掃灰水。而木質裝修。則必須於每年六月與十二月。用肥皂和水洗滌一次。

（四）樓下地面。必須塡舖三合土。最少厚三寸。並須平滑。務令淸淨局滿意。

（五）除淸淨局總辦有墨函准免者外。各食物店不准安天花板。墻穴。或樓梯底板。如有此項事情。該局決定後。可將其牌照取銷。

（六）凡患傳染症者。不得在食物店居住。

（七）凡食物店在於半夜十二時。至翌早六時止。不得供給食物。與非在店內居住之人。

（八）凡食物店未領酒牌者。不得沽酒。及顧客不得在店內飲酒。幷不得吸食鴉片煙。

（九）領牌人等須禁止其店中有不法之舉動。如賭博。或任由妓娼常至。或在店居住。

(十)凡食物店牌照。必須懸於舖內當眼之處。

(十一)凡食物店於營業時間。淸淨局隨時派職員查視。

(十二)食物店牌照費。須依上期繳交。在域多利城內者每年二十元。其他各處每年五元。

(十三)每年牌照期限。均在六月叁拾號期滿。

(十四)凡有違背本規則者。可將牌照取銷。

在街道堆積攤擡者注意

本港衞生當局。對於公衆衞生。極爲注意。街道潔淨。卽其一端。住戶不能傾倒攤擡於道上。此例實行已久。如違拘罰。每見街道常有攤擡。引動蠅蚋極多。對於衞生。殊屬有碍。故潔淨當局。遂咨請警察當局。對於此事。認眞注意帮助。無論何人。不論將何物棄於街道。均即拘辦。如有攤擡在店戶前不理。不論爲該店戶棄於街道與否。即由該店戶負責。警察可將該店戶門牌抄錄控告。

一九三一年清淨局取締鹹甜食品製造商店細章

(一)鹹甜食品製造商店規則。乃包括商店或支店經營製造食品者。如製糖。谷古。朱古力。占糖菓。鹹甜乾濕菓子。中國鹹酸食品。菓醬。肉汁。肉精。醬料。酸菓。臘味。(如鳥類魚類肉類等)酸菓菜之品。不論用罐頭罇頭甕頭或各類器皿裝儎。除輸運或貯倉。要用外箱裝釘外。其餘已裹或入罇者。均在取締之列。

(二)凡屬製造食品商店。均須在清淨局註册。

(三)(甲)如不遵例註册者。不得開辦。已開辦者。須停止營業。

(乙)註册手續。須遵第五欵所列之一人。依照格式紙塡寫。據實呈報清淨局。

(丙)格式紙內之塡寫。必由該商店之股東。如係公司者。則由董事或司理或總書記或公司內之主事人員實報。

(丁)如有修改。或發覺所呈報之各欵。未盡詳實時。可於七日內丙欵內所列之一人。所修正之格式紙呈報清淨局。幷須證明所修改者爲確實。苟呈報修正之人。係依足法律手續者。則呈報修正之責任。作爲完滿。

(戊)如有發生所呈報與原呈。或修正之呈報。有不符者。則該商店作未註册論。

(四)以下條例。凡屬製造食品商店。須一律遵守。

（子）除經清淨局定例局批許外。所用之水。必須由政府水塘供給者。別處之水。均不許用。

（丑）所有器皿用具。及機械。均須整理潔淨。

（寅）除經清淨局批准外。所有製造食品商店之製造塲。均不得用作居住或別項之用。

（卯）製造塲內。除猫之外。別種畜牲。均不許蓄養。

（辰）製造塲內。一律不准設有入水渠口。

（巳）製造塲內。須設備厨房厠所。務令清淨局滿意。

（午）製造塲之地面。必須結成不得少過六寸厚之灰坭石屑。或不得少過三寸厚之英坭石屑。且須三分沙一份英坭五份石屑混合而成。石屑要一寸大。地面須用獵靑。或不少過半寸厚之之英坭漿。批滑不滲水爲合。或用別種材料。經清淨局許可者。除地下地面之外。樓上地面必須用不吸水之材料。且須批滑乃合。

（未）四週墻壁。用英坭批盪至七尺高。或用別種不吸水之材料結成之。但其建築須得衞生局滿意方可。

（申）廠內須有充足之光綫。及空氣流通。得清淨局滿意爲可。

（酉）廠內墻壁及天花板瓦面。須一月及七月灑掃灰水。（即每年兩次。）

（戌）廠內地方。在開工時期。及廠內器具傢私間格等。及本章第六節所包括之各物。

在晨早六時至下午六時之時間內。得隨時任由清淨議局議員或衛生醫官。及副醫官。或經清淨局授權之人員查驗。

（五）清淨局有權以有條件或無條件批准在例第四章全部份或一部之減免或修改。此等減免或修改。將註明冊部上。

（六）請求減免或修改。清淨局有權不批准註冊。如製造食品商店。有不依例遵守者。則可將其牌取銷。

呈報格式

商名……

地址……

東主姓名……

工場情形……

有無支店在別處……

日期……

以上呈報俱皆屬實　　簽押

年　月　號

一九三一年取締新界牛乳業條例

衛生之道。尤貴乎飲食之潔。是以政府取締飲食類頗爲嚴厲·最近香港新界各處日漸繁盛。居留人士。亦日漸衆多。飲食之需求。自然倍於往昔。因此供給牛奶之商店隨之日衆。港府不能不注意及其清潔。所以立例以取締之。

(一)此種取締牛奶公司辦法。施行新界各地。(新九龍不在內)

(二)(甲)在此十六條例文內之獸醫官字樣。係指無論任何獸醫官。或醫生而經政府指定爲檢驗牲口者。或副獸醫官。

(乙)牛奶公司之名詞。是包括田莊而養牛者。或牛房。或存貯牛奶之地。由以上各地而共給牛奶往各處販賣者

(丙)理民府名詞。即指該牛奶公司在何範圍。如在此約者。即指此約之理民府。

(三)凡一間之建築物。而用爲牛奶公司者。每年必須於七月前。往理民府註册。册紙可向理民府領取。

(四)無論任何牛奶公司。空氣必須充足。能得理民政府滿意爲度。若地面用灰鋪蓋者其厚不能小過六寸。若用士敏土者其厚不能小過三寸。而士敏土之混合法。仍應照下列成份配合。即一爲士敏土。三爲沙。五爲石屑。而石仔之大小。以每粒一英寸爲合格。又地面

必須光滑。無凹凸之弊。鋪蓋妥當後。呈請理民府查驗。

(五)牛奶公司畜牧之處。每一牛所立之地。須有三十二方尺。體積須有三百六十立方尺。高度不能少過十二尺。雛牛不在此例。惟出世過年後。則作大牛計。

(六)牛奶公司之內。不能任人睡宿。或有煑食等工作。

(七)牛房之內。除作爲養牛之地外。不能兼養其他畜類。(養貓不在此例。)

(八)有患傳染病之人。不得在牛奶公司內供職。

(九)牛奶公司內之地方。必須清潔。溝渠必須流通。不得污塞。使理民府滿意爲度。

(十)牛奶公司內。不得安設大小便厠所。雖與牛奶公司相連者。亦不准安設。

(十一)牛奶公司所用一切器具。須隨時清潔。不得使有惡臭氣味。如屋內牆壁。非用磚砌成者。每年必須於正月七月掃灰水共二次。

(十二)各牛奶公司。任由理民府獸醫官或授權之人檢驗。

(十三)如牛奶公司地方不敷。而須另租賃別處一部份時。必須得理民府同意。仍須另領牌照。

(十四)如非註册作爲牛奶公司者。不得存貯牛奶。爲發售之用。牛奶公司亦不得存貯別項物件。

(十五)牛奶公司所用之水源。須由理民府批准。否則决不准用。

(十六)如有違犯上列條例。而審訊定案者。當處以五十元以下之罰金。

製造汽水工廠規則

（一）凡製汽水。不能以猛烈之品質製造。

（二）無論何處屋宇。倘未經清淨局批準者。不得作工廠之用。

（三）每年在壹月須轉換新牌。

（四）工廠須依一九零三年所頒行之衛生及屋宇則例。

（五）所有製品用水。須用自來水製造。如未得清淨局人情。不得用別處來源之水。

（六）廠內製造器皿須常清潔。

（七）除營汽水外。廠內不得作別種營業。

（八）不得在住所製造汽水。

（九）除養猫外。不得蓄別種牲口。

（十）廠內水渠。不使別處之渠水得流入廠內。

（十一）凡每日上午六点至下午六点止。如衛生官有到廠查驗。毋得違抗。

（十二）工廠地台須塡六寸之灰坭石屑。或英坭石屑及要批盪光滑。四週墻邊。須用英坭沙批盪。（高度七尺。）

（十三）廠內光綫及通氣須要充足。

（十四）工廠地方。例于每年壹月及七月灑掃灰水一次。

一九三一年檢驗畜牲費用表

(一)凡出口牛羊猪檢驗費。連證明書在內。一百起計。每頭伍毫。如同一儎貨。而超出百數者。每頭式毫五仙。如在一百以下者。則每次最底限度。收回手續費伍元。

(二)檢驗別項牲口。(除牛羊猪外)檢驗及證明書。每頭收費用銀伍元。

(三)檢驗肉食連同證明書。

伍佰磅以下者	式元
伍佰磅以上壹仟磅以下者	式元伍毫
壹仟磅以上式千磅以下者	四元
貳仟磅以上叁仟磅以下者	伍元伍毫
叁仟磅以上四仟磅以下者	柒元
四仟磅以上五仟磅以下者	捌元半
伍仟磅以上六仟磅以下者	拾元
六仟磅以上七仟磅以下者	拾壹元伍毫
七仟磅以上八仟磅以下者	拾式元伍毫
八仟磅以上每加仟磅或不及仟磅者	壹元

(四)驗檢別項連同證書……貳元

一九三二年二月八日頒行居民衛生新例

本港爲南中國商業之中心。人烟稠密。對於衛生。不可不注意及之。本港當局有見及此。故發出佈告。勸告居民。不論在何處地方。不得吐涎。及抛擲不衛生之物品。以免防碍公益。若有故意違犯。定罰五十元。同時清淨局亦有佈告。茲列於下。

凡有痰涎　與及鼻涕
有碍衛生　勿吐在地
肺癆傳染　往往因此
爾等居民　勿亂吐棄
若欲傾吐　須在痰盂
倘有故違　受罰堪虞
罰欵定額　伍拾大元
爲此一飭　各宜恪遵

霍亂症及其預防法

潔淨局議員李樹芬醫師演講辭

二十一年六月廿七日在英皇書院演講

霍亂症之病原

霍亂症在熱帶地方發生(印度等)則爲地方性症。(乃該地所常有之症)若在溫帶地方發生(中國等)則爲流行性症。(乃傳染蔓延之症)以暑天發生最多。無論男女老幼。均能受染。致病之原因。爲霍亂菌。在千倍以上之顯微鏡觀之。該菌爲桿形而略彎。能活動遊走。在多種食物。均能生長。海水中本含有鹽質。惟該菌亦可能在此生長。至十四日之久。故對於魚類極有關係。殊堪注意。該菌喜生長於濕處。如在濕衣服。則能生長至三個月之久。但若晒乾。則數分鐘後。該菌即死。患霍亂症者。該菌積聚於胃腸膽內。惟其他各臟腑含有該菌者甚罕。凡患者所吐出及瀉下之物。含有該菌無數。

霍亂症之傳染

霍亂症之傳染。與氣候無關。茲分述傳染方法如下。

(一)由水所傳染　凡霍亂症之流行。蔓延於各處者。俱由水所致。如用含有該菌之水製造食品及飲料。或用爲洗滌食具生果等。均能受染。

(二)由帶菌人所傳染　帶菌人者。乃該人體內。含有霍亂菌。能傳染於他人之謂也。分述如左。

甲　體內染有該菌之人。因其染力輕微。或因其本身具有抵抗力。不致發生霍亂症狀。爲人所不知。但其糞內含有該菌。足以傳染於他人。若帶菌人爲厨夫。則能傳染食容。帶菌人爲工役。則能傳染於主人。

乙　患霍亂症曾經治愈之人。其糞便尙含有該菌。平常能生存一個星期。但亦有生存至二個月之久者。故檢查由疫地入口之舟車。普通禁留一星期後。乃準登岸。

(三)由蒼蠅所傳染　蒼蠅爲霍亂症傳染之媒介。因其常集於含有該菌之糞便。足以傳染於人。統計患者住居。半數屋宇。其蒼蠅經已受染。該蒼蠅腸胃內。含有該菌。能生存至五日之久

霍亂症之潛伏期

潛伏期者。乃受染該菌後至該症發生之時間也。該症之潛伏期。通常爲數小時至數日。過五日始發生病狀者甚罕。

霍亂症之種類

該症有輕重之別。茲分特別及普通二類。述之如左。

(一)特別類

甲　受染者。起居飲食如常。並無病狀發生。但檢查其糞便含有霍亂菌而已。即以上所述之帶菌人是也。

乙　患者畧發生輕微之病狀。體力衰竭之病狀較微。但檢查其糞便含有霍亂菌。

丙　受染後精神體力喪失。如服毒焉。全無吐瀉。數小時內即死。此名爲乾霍亂症。

(二)普通類　除以上所述特別類之外。則爲普通類。即平常所見之霍亂症也。

霍亂症之症狀（指普通類之病狀而言）

第一期之病狀　病之發生甚速。初則腹絞重瀉。繼則頻頻嘔吐。發生抽筋。以足部爲甚。抽筋時極爲痛苦。漸至全身失力。精神彷彿。口渴異常。所瀉之糞。初時則色黃。其後則色白。故名爲米汁糞。如大便甚頻。則無臭味。發生裏急後重之狀者罕。溫度低降。脉弱。腦尙清醒。此期之末。如不痊愈。則轉入第二期。

第二期之病狀　患者體力衰竭。至於極點。失神。面縮。眼凹。皮縐。或變瘀色或發微汗。疲倦極甚。或昏迷不醒。閉尿。不能制止其水瀉。體溫仍低。脉速而弱。通常此期由二小時至二十四時而死。如不死。則轉第入第三期。

第三期之病狀　患者漸覺淸醒。皮膚溫暖。吐瀉界止。糞色復黃。發微熱。或出疹。在此恢復期間。每易復發。倘若復發。則易死於死亡。

霍亂症之死亡

霍亂症之死亡率不定。以普通論。約佔百份之五十。但在該症流行初起時。死亡較多。至將近消滅時。則死亡較少。

霍亂症之預後

預後者。乃判斷該症結局之謂也。霍亂症之預後。以弱體之人老者孕婦患之。死亡最多。又症起太劇。體溫低降。血之比重（在一·零六五以上）過高者亦危。（即如施行靜脉注射特製鹽水治療。每日數次。每次數磅者。則可銳減危亡）

霍亂症之預防法　分公共預防及個人預防法

(一)公共預防法

甲　水爲傳染之來源。公共食水。以本港水塘之水爲最可靠。河水及井水則最爲危險。因河水爲糞溺流入之區。井水爲四鄰糞溺所滲入。亦易受染。吸水桶之底每每不潔。危險甚大。如有此症發生及疑慮此水含有霍亂菌時。宜用錳養一錢加入每一加倫之水內。即成青蓮色經過二十四小時後。則變爲無色。方可應用。又凡食水或洗食具之水。俱宜沸過。則應用自無危險。

乙　由疫地入口之舟車。須受檢查。如查出有患此症者。即須遷入傳染病院療治。

丙　患者之衣服糞便。須行嚴重消毒法。或用火焚燒。或用水煑沸。或用忌里蘇溶液(一種臭水名)百份二。五浸透。侍病人之手部。最易傳染。凡曾用手接觸傳染物。應用以上之藥水。洗手消毒。

丁　本港政府。爲預防霍亂症傳染入口起見。將採下述辦法。

(一)通令各輪船東。轉飭船長聯員等。注意船上有無病客來港。如發覺有患霍亂症者。不得逕行駛近碼頭。須駛往禁海寄碇。并升黃旗爲號。船上並應聘任醫生一人。

(二)衛生司署將派遣醫生。於省輪到埗時檢查搭客。警署則加派警員。輔助執行職務。

(三)衛生司令飭各輪客艙厠所厨房各處。於客登岸後。盡加洗加滌。

又本港政府。將執行預防霍亂症條例。

(一)港督得會同定例局宣佈某一區域。或某一地方。為有傳染性之病症者。此例將在憲報公佈執行。

(二)不得零售刀切之菓品。

(三)不得售賣凍品雪糕等。惟經衛生司核準者不在此限。

(四)登報勸諭居民。未經火熟之菓品。切勿食之。

(二)個人預防法

甲　所有食品及飲料。須經煮沸乃可入口。

乙　凡傳染劇烈時。洗滌食具之水。須經煮沸。乃可應用。

丙　無論在家或在飲食店。忌食未經煮沸之食品與飲料。或既經煮沸而有蒼蠅集吮其上。或經不潔之手或物接觸者。亦不可食。(如有生芫茜葱落過之食品等)又須忌食由傳染區域出產。或出售之一切生菓(因生菓用不潔之水洗滌或含有該菌)至於難消化之物(如响螺等)過時或變壞之食物。及不良之生菓。

均於胃腸有害。致易生病。食之有碍。

丁 蒼蠅爲霍亂症傳染之媒介。所有食品及飲料。須用盖遮盖之。防其集吮。經集吮者。切勿入口。又凡貯糞便之器。亦須用盖遮盖之。以免由蒼蠅傳染該菌於他處。由此觀之。則滅蠅運動。不容或緩也。

戊 保持健康。最爲重要。勿食易生腸胃病之食品。又須禁酒。以免腸胃局部發炎。以致其抵抗力消失。若無特殊原因。不可妄服瀉劑。又不可消耗體力。飲食不宜過飽。傳染區域不宜到。在此時期。遇有發生腹瀉者。即須延醫診治。

己 服藥預防。宜服「譚秘氏」之複方油劑。每日服一次。每次服一錢。注射霍亂菌漿爲預防該症之最有效者。該菌漿係用已死之霍亂菌所製成。非常藏於雪不可。用法。皮下注射。每一星期注射一次。以注射三次爲限。注射後一日。即發生効力。其保護力約有四個月之久(此時傳染期應過)注射後大約無不適之狀發生。亦無痛苦。仍可工作如常。全無危險。如家人或工役。曾患此症。或疑其爲帶菌人。應先將其糞便交醫生檢驗。又病愈後。仍須每二日驗糞一次。連驗三次。如無該菌存在。則自無傳染力。否則須用消毒藥水將糞便之菌殺滅之。

蚊蟲致瘧說

香港淸淨局衛生醫官祈勒著

竊以除惡務盡當早絕其蔓延合力易成宜相助以爲理本局深願闔港衆人竭力助除蚊虫之患共保境內之平安蓋蚊蟲之害雖若甚微而業經染毒之蚊蟲噬及人之肌膚毒即傳於其人症遂由此起故殺絕蚊蟲即可以淸除瘴氣熱症此乃近世人所共知者也查本港年中因沾瘴氣熱症而死者不下四五百人然則欲絕此症之源正宜不容緩也且不特此症已也凡可以傳染諸症均可由蚊蟲以爲媒介故凡注重衛生者均宜注意此事不得視爲尋常凡各家居屋之中務使蚊蟲無生育之地則絕其根本不得滋生庶可共慶平安同登仁壽矣

茲試條舉絕蚊之法於後

蚊乃兩翼之微虫有雌雄能生育其散卵恆在水面凡停蓄不動之水加在天氣炎熱之際祇須兩日即變生沙虫惟嚴寒之日其卵不能遽變沙蟲一遇暖氣卽成沙蟲矣其長甚速多則拾日則七日即化爲蚊一經浮出水面約一句鐘之後水氣乾燥即可振翼遠飛矣其卵極微細人之目力均不及見惟變爲沙蟲之後浮於水面升降起伏極其迅捷當是時也有法可以絕滅之蓋沙蟲必賴浮於水面而呼吸以助其生氣凡停水有沙蟲之處用火水灑數滴於水面則必散開蒙蓋水面無隙可通生氣絕其呼吸之路沙蟲必然自斃矣此絕蚊之妙法也若水中有草者又不能用此法蓋沙蟲喜藏身水草既可藉爲呼吸保護之所又可恃爲養料之資又凡風撼水動沙蟲不能上升水面久遏其生氣則呼吸不通亦必自斃矣沙蟲亦肉食

之蟲類凡水中有他種昆蟲及其卵沙蟲則食之以養生大沙蟲亦能食較小之沙蟲此則弱肉强食天然之公例也沙蟲初成甚易滅其種類若不趁早用法絕其本根則必而化爲蚊爲害不淺蚊蟲初出殼之時其體質甚弱若不能覔地以保其身免受風霜所擾不久則自斃若能藏身之所則其生命頗長雖遇寒冷之時亦能隱藏暗處數月伏氣不死一逢天氣暄熱則此等餓蚊相率而出而蚊之患乃蔓延而不可已矣被蚊之法凡住屋所在所有野草雜樹將其悉行伐去使蚊虫無藏身之所蓋凡當熱帶之地草茅繁雜最易滋生蚊虫無穢之區務必產除淨盡蚊蟲性畏風日後既失其棲身遮弊之所自然不能滋生而又於家內停水地方隨處留心查察去之務盡則蚊蟲之種可絕矣

停水之處大概開列於後

一凡如舊白鐵罐糖菓罐花盤破爛瓦罌等器勿任僕人隨便棄置因此等停水之器不論深淺一經暴雨數日即生沙蟲須將此等器皿埋於地中或棄攞搓桶欲除蚊患不可不留意於此事也

一凡有水之蓮花盆或用水插花之瓶必須逐日更換淸水勿使蚊虫遺卵爲孕育沙虫之媒介至於各種植物需用水養者皆同此例凡居處之所及附近地方均不宜有此等停水之器也

一凡住屋之水槽若不流通稍有雨水積住停流數日即生沙虫務宜亟疏通之華人屋宇多爲平頂式盤甕水埕之類常見暴露於其上使沙蟲得卵育之所故此等盆甕務宜留心去之勿使留水爲要

一凡園丁灌花之水池或水桶水缸皆易生沙蟲宜每日用完水之後將所餘之水潑去一滴不留若不能去淸則宜養小魚即如金魚或蛤介之類使食沙虫爲妙

一凡花園接留雨水之沙井最易積水停住而人家暗渠井頻頻有洗滌之水冲之則稍無如是之弊若屋居人數日他去須用加玻力藥水或避穢水冲其暗渠之處倘其暗渠之水乃流出山下離屋不遠者則更爲易生蚊虫因其地爲水冲鬆故也

一凡枯樹之洞穴竹竿之斷枝亦能停雨水滋生蚊卵凡有此等停水之處必須用坭塡塞竹竿則就節上鋸斷或全株拔去勿留蚊虫遺卵之所凡住屋二百碼以內不宜種竹則蚊虫不能藏匿矣

以上會已言之若蚊虫一經育出能數月伏氣不死凡蚊虫已成欲消滅之可以惟一之法熏洗是也凡佔俚住屋花匠篷寮貨倉住人之有布遮之處如欲熏之可投知清淨局派人代爲熏可之也蚊虫於日間喜伏於黑暗之處故屋內角隅尤宜謹愼凡人逼於不得已而住在蚊蟲最多之區欲避蚊蟲傳染除非其床褥以蚊帳保護兼用幼細紗網裝釘各窗牖上則蚊不能入屋如禦蚊咬則一禮拜宜服十忌連重之金鷄納霜一二次亦可解其被蚊咬後毒入血液之患然有人不能多服金鷄納霜反致其胃不消化成即食滯之症其如是也不若將各處清淨勿便爲育蚊之所爲隹至於凡爲家主者當認眞督率屋內人竭力滅絕蚊類如不暗有蚊所在儘可通知清淨局派人往察該屋附近之所倘欲依法消除蚊患而或有阻碍或在公家地內即可商知清淨局協同辦理

凡染瘴氣熱症者獨有金鷄納爲最靈驗之藥不服此藥則必至成爲危險之症或將病者延西醫診治以西法調護即可解此傳染之症也惜華醫不識金鷄納之功用良可概也總之防患在於未然去務惡宜盡絕各居人具有生命宜保其各協力相助毋怠毋忽

建築普通屋宇章程

(一)屋宇新例

屋宇之兩間中墻。前後墻。瓦面。稱爲五大件。凡屋宇在一九零三年後建築舊屋修改。五大件同時或分時拆改。多于一半者。亦須照新例辦理。或舊屋加高過舊日高度之倍半。或舊時不能住人之屋。今改爲住人屋。或舊屋前乃一間。今改爲數間居住屋宇者。亦均照新例辦理。

(二)天井及後巷

(一)在一九零三年以前領取之地。建築屋宇者。須留四份一之天井位。

(二)在一九零三年起。所領之地建屋者。須留三份一之天井位。(後巷不入數內。)

(三)屋前街面占所領之地。不能作天井位計。

(四)街巷所占屋後餘地。如該屋後天井位有六十四丁方尺者。可除去後巷之面積。其所餘面積。可准列入天井位計。

(五)如天井位分配在屋前及傍者。每邊至少以面積一半爲天井位。

(六)單邊屋傍之天井。如一連三間之樓下。非作住眷者。該天井可由二樓樓面起計。(即屋傍之天井可建一層樓下)

(七)如天井位無圍墻圍住。及圍墻無後門者。則不得作天井例計。

(八)在天井面積內三份之一。可准建築十一尺高之廚房或浴房及厠所。

(九)後巷濶度例須六尺。

(十)凡孖間之屋宇。每傍至少須有四尺濶之街或巷。並須該巷之深度。與屋之深度相等者。則可免留囘後巷。

(十一)天井位除準建三尺六寸活之弔橋或石級外。不准安設別物遮蓋。

(十二)現有屋宇。其天井位。至少須有五十丁方尺。及每層樓須有後窗位十丁方尺。否則可隨時將大座後墻。與後墻之上盖。拆去一半。作天井用。

(十三)如屋宇有前後面。其深度在五十英尺以外者。則作爲兩間屋計。

(十四)過路橋之濶度。最濶不得過三尺六寸。

(十五)不得靠貼山建築屋宇。如屋後是山壁者。須離開照山壁之高度四份之一。幷不得少過八尺。

(三)建築墻壁

(甲)凡新建屋宇。外墻長度不得過四十尺。其厚度須照下列之高度爲限。

(一)凡高度在十貳尺以內者。須厚九寸。

(二)凡高度在十貳尺以上。至弍十五尺以內者。須厚十三寸半。

（三）凡高度弍十五尺以上。至四十尺以內者。最下之層樓用十八寸。其餘各層樓須厚十三寸半。

（四）凡高度在四十尺以上。至五十五尺以內者。最下之層用弍十弍寸。第二層十八寸。其餘須厚十三寸半。

（五）凡高度在五十五尺以上。至七十尺以內者。樓下二十七寸。第二層二十二寸。第三層十八寸。其餘俱須厚十三寸半。

（六）凡高度在七十尺以上。至八十尺以內者。樓下三十一寸半。二樓二十七寸。三樓二十二寸。四樓十八寸。其餘俱厚十三寸半。

（七）凡建築兩層樓。或多于兩層者。其最頂之兩層。合共高度不過二十五尺者。其墻壁可建十三寸半厚。

（八）凡建築普通屋宇其樓底不得高過十五尺。如經工務局許可建築十五尺以上者。則墻壁亦須加厚。其加厚辦法。可用柱替代之。每墻身之四份一。要帮一柱。

（九）如墻壁長度在四十尺以上。至六十尺以內者。可照普通規定加厚四寸半。

（十）除圍墻外。建築墻壁者。非經工務局許可。其長度不得過六十尺。

（十一）建築墻壁。除工務局特許外。不得高過七十六尺。其高度乃由行人路或街面至墻最高之處。如屋頂乃金字形。則計至斜頂之一半。如火路墻塔樓。及別等裝修建築。不高過三尺者。則不入高度計。

(十二)如外墻長度過三十尺者。每層樓之樓底須安設至少一寸二大之搵墻鐵。十八寸方鐵板一件。其搵墻鐵須每相隔十弍尺。安設一條。

(十三)間格墻壁。可建四寸半英坭之結磚墻。或工務局批准之三合土墻。

(十四)間墻建築。至少須高過天面十八寸。

(十五)每層樓之間墻。所開門口位。祗可照墻面積三份之二。如將門口塞塡。須用英坭或灰坭漿結磚或石料。其厚度須照墻壁辦理。

(十六)凡在每層間墻。或外墻開龕。不得多過該墻面積之一半。在間墻者。龕後至少尚有十三寸厚磚。在外墻者龕後至少須有九寸厚磚。

(十七)凡舖前間墻之轉角。如該舖一層樓高者。須濶九寸。多過一層樓者。須濶十二寸。如單邊舖者。該轉角墻須濶貳尺。

(乙)(一)凡築墻壁須建實心。夾口處須用上等之英坭漿或灰坭漿結砌。靑磚則只適用作最頂之樓。或該樓高過十五尺以上之墻。

(二)凡磚結或石砌之拱。十尺濶者。至少十二寸厚。十尺外至十五尺內者。至少十五寸厚。如多過十五尺。須照工務局之規定建築。

(四)屋宇高度章程

屋宇高度。俱以街道之濶度而定。其測量乃由街面平水至前墻或後墻頂。但欄河墻及裝修建築。不高過三尺者。可不入屋之高度計算。

其要點如左

（一）凡屋宇在屋宇則例頒行之前。其高度少過街之濶度倍半者。准可加高至街之濶度倍半。

（二）凡屋宇在屋宇則例頒行以前。倘其高度超過街之濶度倍半者。則以後不得加高。

（三）在屋宇則例頒行以前。所領之地。新建或重建屋宇。則不能高過街之濶度倍半。

（四）凡現有屋宇。位于四百二十英尺以內。兩頭通連大街之街道。其屋之高度不超過街濶度兩倍。該街道若在一八九四年十二月廿九日以前建設。及街內除騎樓外。無別種建築物阻碍者。則重建時。可照舊日之高度建回。（其高度以街道之濶度兩倍爲限）。

（五）凡在一九零三年以後所領之地建築屋宇。其高度祇可與街道之濶度相等。

（六）凡屋宇高度。在七十六尺以外。及住宅屋宇在四層以上者。須由港督批准。方能建築。

（七）凡建金字瓦面。須由前後墻頂畫卅度斜線。其金字斜度則不得過此界線。

（八）凡住人之屋宇。其樓下高度。至少十二尺。樓上十一尺。廚房及工人房高九尺。

否則不得作居住用。浴房及厠所之高度。至少七尺。

一九二九年規定屋宇高度簡章

(一)凡建築或重建單邊之屋宇。倘其位置枕於兩街者。一便街濶。一便街窄。該屋宇部份向街。及窄街由濶街度入五十尺者。其高度可照濶街之濶度爲限。其餘部份向窄街者。高度須照窄街之屋宇爲限。

(二)凡屋宇非單邊。而前後枕街者。其部份之高度。在前街方面。則照前街之濶度爲限。向後街高度。則照後街之濶度爲限。

(五)建築地台規則

(一)樓下地面。須用三寸厚之三合士。其份量乃一份英坭。三份沙。五份石屑。(或六寸灰坭漿石屑)。土庫厨房厠所及天井馬房等地面。須用六寸之灰泥石屑。再用二寸厚之三合士。或落四寸厚之三合士。其份量乃一份英坭。二份沙。四份石屑。地面之斜度。至少四十斜一。

(二)樓下地面。至少須高過屋外之地面六寸。

(六)在政府地建築騎樓者須知

凡宇屋建築騎樓。無論大小。俱要業主或代理人入稟港督。批准後方能動工。

下列條例注意

（一）無論私家或公衆街巷。其濶度在二十五尺以內者。不得建築小騎樓。

（二）屋宇高度如高過街之濶度一成二五者。則不得建小騎樓。

（三）凡街道濶度。在五十尺以內者。不得建大騎樓。

（四）街道未滿六十尺濶者。祇准建大騎樓二層。

（五）普通屋宇之騎樓。不能間格或遮蔽。幷不得用作浴房。厠所。睡房。貯物房。厨房等用。但酒店或辦事處屋宇。可准間格。

凡建築屋宇而有騎樓。其騎樓地位在政府地者。後便有天井或後巷。但屋宇貼兩街者。而窗門面積向每街能占有樓內面積十份一之數者。則可免天井或後巷之例。

（甲）屋宇樓下之大騎樓深度。由柱躉內至正面墻外止。至少有拾尺之深度。

（乙）樓下大小騎樓高度。由渠邊石面或街心平面至陣底止。至少有十貳尺之高度。

（丙）樓上大小騎樓高度。由騎樓地面度至陣底或拱底止。至少須有十一尺之高度。

（丁）凡建大騎樓在正面或單邊墻者。須割讓十八英寸。

（戊）凡建小騎樓。其深度不得過三尺六寸。

（七）窗門

（一）凡屋宇向街至少有窗一度。其透光玻璃至少須有樓內面積十份之一。

（二）向後天井仍須有一窗。至少十英方尺。但此窗門不得作樓內窗門之面積計算。該窗至少一半之積面。可能開閉者。
（三）樓內窗門面積至少有一半可能開閉者。
（四）凡建築屋宇。大座深過四十尺者。其前後窗之透光玻璃。須至少占有該樓面積八份之一。
（五）凡樓內建築房者。須有天窗或窗門。面積須有房內面積十份之一。一半可能開閉。窗門地位不准任何等建築物或稼私遮閉。其透光玻璃。須有窗門積面之一半。

（八）廚房
（一）居住樓面之廚房。面積須有五十丁方尺。合式灶床。四尺高半寸厚之英坭沙傍水。
（二）廚房濶度。不得過本屋濶度之一半。
（三）烟通濶度。至少須六寸大圓徑。其建築不得貼近木料九寸以內者。高度至少須過屋頂至三尺。四圍至少用四寸磚結砌。

（九）厠所
凡建厠所。須用磚或石料建築。內部面積。至少有七丁方尺。其門楄不得掩入。水喉不得引入厠所及尿坑之內。祇可透至水箱。厠所去留。如天井面積有八十丁方尺者。准可安設厠所。如舊有厠所。雖不足八十丁方尺者。

能將舊日執照繳驗。可准留存不拆。

(十)閣仔

(一)除樓下及頂樓外。其餘別層不准建築閣仔。

(二)閣仔之面積。不得多過樓面之一半。幷不得多過二佰丁方尺。其高度由陣底至地面。不得少過九尺。幷不得阻塞門口或窻門之空氣。

(三)閣仔之上下。祗可用鐵網或欄干遮圍。但至少有三份之二打開。

(四)非有工務局人情。凡閣仔在厨房者。無論舊有或新建。俱不准安設。

(十一)土庫

凡未得清淨局批准。不得將地牢用作住眷。營業工廠。製造廠烹釀及貯放食物之用。如光線空氣充足。無潮濕等情。清淨局認爲滿意者。當可批准。

(一)凡地牢至少建有一窻爲透空氣。其玻璃透光。須有地牢積面十份之一。

(二)四週之墻。不能靠高過四尺之土壁。

(三)凡四尺以上之墻。須與山土距離八尺。

(四)所隔八尺之地。不得任何等建築物遮盖。

(十二)樓梯

(一)建築樓梯。每一級濶度不得少過八英尺。其高度不得少過八尺半。

（二）梯底不得盖密。倘得工務局特許者。不在此例。

（三）每層樓之樓梯。必須光線充足。及通風。須得工務局認爲滿意。

（四）每屋須建一梯。能直達至街或後巷。或與街巷通連之空地。建築工程。亦須得工務司滿意。如兩層以上之屋宇。必須建一避火梯。其建築工程。須經工務司許可。

（五）無論何處建築屋宇。如作住宅者。其樓梯之兩旁墻。及窗門門楄。均須要堅實。不易燃燒之材料。如用柚木。須要二寸厚板建造。其工程亦須經工務局認爲滿意。

（六）凡屋宇頂樓之地台。與路面距離四十尺外者。每層樓須安設避火梯。

（七）除戲院及公衆屋宇外。凡門或鬧不准開出。或門級伸於行人路上。或安設布帳。電杆。招牌。或宇屋不合例凸出之建築。但屋宇之線索。祇可伸開十八寸。

（十三）私家街

（一）凡新開私家街。至少一頭通。其一頭須通至公衆街道。

（二）凡新開私家街。在域多利城內者。例須三十尺闊。在城外者。例須四十尺闊。

（三）凡欲在私家街巷新建築。或重建屋宇者。該屋前墻外度至巷中心。須有七尺六寸。方準建築。

（四）巷口私家地。不能建築上盖。已有上盖者。亦不能重建。

（五）凡港督不允建回者。政府應爲補置。或換空地。其補置辦法。由公證人判定之

(十四)間墻

(一)凡公衆間墻。其建築費。彼此須負一半。如隔鄰不允建公衆間墻者。可在自己地界建築。但仍須通知隔鄰之業主一個月。如有損失。仍須補回與隔鄰之業主。

(二)凡建墻。傍貼隔鄰墻者。工務局可准免去一邊之墻脚牙。

(三)建築屋宇。與鄰屋相隔十尺內。如須掘地脚深過隔鄰者。須預先兩個月通知。方能動工。

(十五)取締領地合同不履行

凡領政府公地。如過期不依條約履行。政府卽將地叚收回。由佈告之日起十二個月內。仍可稟呈港督求免收回。倘過十二個月外。則無效也。

(十六)政府收回公地條例

(一)如有違犯大地契例章者。政府有權將地收回。但業主可向港督求情恩免。

(二)如登憲報十二個月內。入稟港督。方能有效。過期不予理受。

(三)凡政府決意收回某地爲公用者。必先與該地業主先行磋商。但如無磋商餘地。或不知業主之姓名。或業主不在本港。無從尋覔者。則在憲報登告。限于一月內卽行將地收回。其補置價値。由補償委員會决定。

憲報登告。另抄一紙。貼於所擬收回之地点。或屋宇當衆之地方。其一個月限乃由標貼之日起計。至補償委員會主席。及評價員一名。均由港督選擇。但該主席。須要裁判司。或太平紳士。方能入選。及一評價員。歸業主選舉。如通告滿期後。一星期內。不能自行選擇。即歸主席代選。但其膺選者。須不是政府人員方爲合格。

（四）强廹改回地者。政府則無補置。如不遵依政府所發大地紙章程辦理者。政府收回。亦無補置。

（十七）畫測批准期限

（一）凡有建築。如圖測呈遞工務局二十八天外。若無答覆。或無取回更改。雖未有發給人情。而業主可照圖測開工。如有改測。則由呈遞改測之日起計。十四天外。如未批准。仍可照測興工築建。

（二）凡圖測批准後三個月內不開工。或開工後停工多於三個月者。須由測師照手續先行七天通知工務局。方能開工建築。

（十八）建造人須知

凡建築搭棚。須將棚上之竹有吼者。以士敏土塡塞之。免使蚊虫得以蕃殖。否則可處以罰金五十元。

（十九）更改街道

(一)凡政府更改街道。升高平水。改濶或改窄。或封閉。必須預先在憲報登佈三星期。及在當眼之地點。標明所擬更改之工程。

(二)如更改街道。街坊有及對政府之工程者。須于過未憲報通告之第三星期以前入稟。並須列明及對之理由。呈遞於輔政司。

(三)如投訴人不滿意所判斷者。可請公證人調處。應如何補置。

(十二)工務局示諭 (格式與清淨局同)

(一)凡工務局所派之告示或信式。信式尚可延緩。但告示式必須依期遵辦。否則處罰。

(二)工務局常有派員到各處屋宇查驗。倘見有何部份危險。則通告業主。須於最速時期。着工匠設法保護。及裝頂主固。然後請測師畫測修理。

一九三三年三合土建築新例

(一)一九一五年七月六日。英京市政會所頒行之三合土建築工程條例。須在英屬各處同樣發生效力。

(二)今後凡欲建築三合土工程全部或一部者。當呈交圖案往工務局時。須附有說明書。備載該項工程之確實力學計算。該說明書須有註册繪圖師簽字方為合格。

(三)全部工在建築期內。經有妥當人員監工。至工程完畢為止。又工程完畢後。須由繪圖師發給證書證明工程妥當。該證明書并須一併呈交工務局查驗。

新界投地建築章程

在新界建築地盆或屋宇。必須將地盆及屋宇之圖測兩套。呈遞新界田土廳察閱。並須將下列各項詳細指明。

(甲)地盤尺寸。

(乙)地盤之高度。及窗門之面積。

(丙)建築合同章程。

(丁)建築地界範圍。

凡新建築之圖測。必須由合例之測師繪畫。

建築車房簡章

(一)須用三合土建築。

(二)不得在車房內開爨。

(三)車房內要清潔。不得存有惹火之物。其餘滅火器具。須照規定安置。先得工務局批准。次則要經消防局之通過。始得發出牌照。同時車房內不能貯存電油。

建築木園規則

凡木園上蓋四圍。須建築十尺高十四寸厚之磚墻。如有鄰屋。須留囘水巷位六尺。除貯原枝木料外。其餘木板木陣等存在廠內者。不能存多過三百立方尺。但可放于距離廠五十尺無上蓋之空地。

碼頭章程

（一）建築碼頭。所應納與政府之稅項。每月須上期繳交。如新建者。則由發批或執照之日起計。在批期或執照未滿期折去者。可免繳租。如已納稅項。亦能領囘。

（二）如碼頭加長度。應加納地稅多寡。亦要由發給執照之日起。每月上期繳交。

（三）如領政府海地爲暫時建設碼頭者。港督可免地租。或收一部份之租項。

（四）一九八八年所規定地價租額。到一九二五年時港督有權再行修改。如修改後。其租額至一九四九年底不再更改。到期再訂。

（五）碼頭業主。須安設綠燈一枝。在碼頭咀六尺內。離地面不得少過十尺。及不能高過十五尺。其光度黑夜清天一英里內。可望見者。日入至日出時止。須要燃着。

（六）不能設泊船水泡於碼頭。

（七）凡碼頭內。除纜絞外。其他物料。不准貯存。（候船上落貨物。不在此例。）
（八）除避雨遮蓋外。非有工務司人情。不得建築貨倉及何等建築物。
（九）碼頭咀不得泊船。除非該碼頭是特式建築者。
（十）如政府欲將此碼頭地全部或一部份收回，爲公衆用者。港督可隨時通告收回。政府無補置物料及拆工。碼頭業主不能向法庭起訴。
（十一）如業主有犯所定則例。可罰欵壹佰元。如不再依諭辦理。每日延期可罰欵十元。
（十二）碼頭地稅價額。
（一）五百或五百以下丁方尺者。每年壹佰弍拾元。
（二）五百丁方尺以外。一千丁方尺以內者。每年壹佰捌拾元。
（三）一千丁方尺以外。二千丁方尺以內者。每年叁佰元。
（四）二千丁方尺以外。三千丁方尺以內者。每年肆佰捌拾元。
（五）三千丁方尺以外。五千丁方尺以內者。每年陸佰陸拾元。
（六）五千丁方尺以外。一萬丁方尺以內者。每年玖佰元。
（七）在一萬丁方尺外者。每年壹仟弍佰元。以上稅額。俱指在域多利城內築建者。如在別處地點。則收半數。

工廠簡章

（一）凡工廠有意外傷斃人事發生。或工人因傷而三天外不能返工者。該廠須將情由報與撫華道或警署。

（二）機器之皮帶若離地面六尺半高者。須用堅固之鐵網籠罩。

（三）凡頭頂皮帶若闊過四寸者。須用木遮盖。以免危險。

（四）機器近行路處。須用網遮盖。

（五）凡工廠有工人在內。其門及房內門不可關鎖。以致不能在內將門開掩。

（六）凡工廠內房。居住人數。在十名以外者。須用生動之走門。或所設門楄須向外掩。

取締爆竹商店

本港政府。對於爆竹商店。甚為注意。蓋屬紙料店紙紮店等。均有兼售爆竹爆炸品。夫此種品物。每易惹火。對於公安。大有防碍。且因鑑於近年該種商店火警。常有傷斃人命發生。故對於零沽商店。亦從嚴取締。凡此種商店。必須用三合土建築。方為合例。否則不准營業。

一九三二年炮竹商店則例

(一)凡舖屋全間或一部份用作貯炮竹者。不得兼貯油斜火水及易惹火之流質。如吔油松香禾稈棉花蔴籐絲及各種惹火物料。

(二)凡造木店。及藥材棧房。不得兼貯炮竹之用。

(三)除販賣保險火柴金銀花紙神香旗幟燈籠及新聞紙外。凡惹火物料。不得與炮竹同貯。

(四)凡有稅貨品。不得與炮竹同貯。

(五)凡屬炮竹不得貯放於蓬廠內。或非避火建築一層樓之屋宇。

(六)凡屋宇多於一層樓。用爲貯存炮竹者。則只准在於最下層貯放。幷須四週墻壁天花地樓梯鷄翼板等。須用避火物質築建。

(七)凡屋宇用爲貯放炮竹者。須受下列之限制。

(甲)屋之前後須有門口。而所設之門。須向出掩。

(乙)安設電燈。而電線若不安貼天花者。則例用鐵喉包藏。所較燈位。最小須離地台七尺。所有燈胆。須用厚玻璃籠罩。

(丙)凡在舖內。不得安設火爐火薰及燃燒發烟物料。

(丁)不得將炮竹放於屋外門口或飾櫃。或近火無遮閉之處。或放在太陽光下。凡玻璃飾櫃用作貯放炮竹者。不得使有日光透至。

（戊）凡炮竹須放於特別建築避火櫃或倉內。

（己）凡炮竹商店內外須用油漆書明。中英文炮竹二字。高度七寸。紅地黑字。并須附近寫白地紅字之中英文。不准吸烟四字。

（庚）除放火藥櫃外、舖內時放炮竹。不得多過四百磅。

（八）凡重量在四百磅以上之炮竹。須放於與屋相連之火藥櫃內。該櫃須用磚石鉄料及石屑物料建築。但所用鉄料。不得露天。而該櫃須與街或橫巷距離至少有五十尺、并須時常關鎖穩固。

（九）凡屋宇現作爲貯放炮竹或。日後用作貯放者。該屋宇之管理人。須將姓名住址呈報警察司。

（十）凡西人警察。或西人救火職員。或警察司及救火局人員。可隨時到店察驗。凡管理該店者。須帶同查察。毋得違抗。

政府投地普通章程

工程司　　　　　　　　　　　　　　　　　　爲

佈告事照得現奉

督憲札開定於西歷一千九百　年　月　號即禮拜　日下午三點鐘在工程司署當衆開投官地

一段坐落　以七十五年爲管業之期期滿可再管業七十五年惟地稅則由工程司再定等因奉此

合亟佈告俾衆週知特示

該地段詳情開列於左

此號地段係投賣號數第　號册錄　內地段第　號坐落　地段第　號該地四至

廣闊在賣地圖內載明共計約　方尺每年地稅銀　元投價以　萬　千　百　元　爲底

計開章程列左

(一)投地之價由限底銀數加上以價高者得倘二三人或多人同價互相爭論則照舊價爲底再投

(二)各人出價投地每次增價至少以一百圓爲額

(三)政府出賣此地段可授權拍賣人或別項人員出價票投又如該拍賣人認爲合宜亦得將該地段

取消不投賣

(四)投得該地段之人自槌落之後即遵例簽名於合同之下由投得之日起限三日內遵章全價在

庫務司署呈繳

（五）凡在售賣合約署名爲買主者即作爲主要人除於署名時聲明其祇係代理幷將主要人之姓名宣報註明合約內方可不作其爲主要人

（六）投得該地段之人於未發給該地官契以前無論須領之官契爲一張或多過一張均須先在庫務司署照應立界石之數每件呈繳界石銀八圓以備　工程司飭匠用石塊刻明册錄號數安立該地段或該地段於未發給官契之前再行畫分之各小段每角以指明四至等費及須禀知工程司定何時方能安放該界石倘在該地之角處建築屋宇或牆壁或別項建築物者須當地脚未築至地面之時預前十四日禀知工程司以便安插該界石在屋或牆壁之間倘不依期禀知則工程司可隨時至該地將所建築之屋宇或牆壁或別項建築物拆毁以爲安置界石之用所有費用以工程司發照之日起限七日內由投得該地之人在庫務司清結

（七）投得該地者須禀請工程司將地段號開幷須待號妥後方可建築屋宇如有不照號開之界綫建築屋宇工程司得諭令毁拆另行照正界綫建築如其不遵諭拆去工程司得飭人將其毁拆費用由工程司列明指証向買主收回凡經工程司署名關於界線及毁拆費之單據對於各方面俱得作爲最後之証據

（八）投得該地段之人奉到之田土廳諭令時須即印立官契惟該地如投得後有將其權利全份或一部份典契等情則須先行清還方得印立官契又田土廳於此項章程背後批明該地或其特行指出之一部份之各則圖係存田土廳署凡一切交易事等須當先印立官契方准註册等字樣即作

爲正式公文發生効力而規定之公費銀亦由投得該地者繳納又如投得該地者在該地段建築宇多過一間須每間分領官契並遵照田土官諭令繳納各官契費用又如所領官契係多過一張惟同是給發一人者則除第一張外其餘每張費用廿圓計算

(九)投得該地段之人由投得之日起計限以廿四個月內須用堅固材料及妥善之法建屋一間或多間在其地段內以合居住該屋宇以石或磚及灰泥築牆用瓦蓋面或用工程司批准別樣物料而造必須牢實可經久遠及須遵依所有本港頒行之建造宇屋或衞生則例章程建造在該地宇屋其工程估價不得少過　　元無論投得者是否依照此項章程而行及無論能否繳納地稅工程司可有權將建築屋宇限期廿四個月展長不庸投得者應允否惟投得者須遵照　工程司所規定之期而行否則將地充公

(十)不得將地段穢濁及丟棄之水流至　皇家或私家地并不得將臭穢之物堆置倘在該地段上掘起餘泥倒放在該地段或附近皇地家上堆放不得過於斜歪恐妨雨水冲塌所有斜坡須用草皮鋪蓋妥當或建築陬磡相護并投得地該之人每日將該屋內穢物搬遷別處

(十一)地稅由管業之日起計須於西歷一千九百三十　年六月二十四日將其一年內應納稅銀按月數分納　庫務司自後每年須分兩季清納卽于西歷六月二十四日先納一半其餘一半限至西歷十二完納至七十五年期限止

(十二)該地之界限則由工程司再行決定然後發給官契倘日後查出該地之廣濶比以上章程所列者

有贏餘或短絀則以每方尺計算每年地稅銀每英畝八百圓計算以計至最近之元數爲限又爲辦理此欵起見投得該地者須作爲應領取該地官契之人如未發給官契之前則其號明爲餘叚之一叚須認爲由該地再分爲數小叚投得該地者領取官契

(十三)該地叚所開之後巷開妥後須交與　政府不得索値

(十四)投得該地叚之人俟將所有一切章程辦妥令　工務司滿意始准領該地官契由投得之日起計准其管業七十五年照上列地叚詳情所定之稅銀每年分兩季完納即于西歷六月廿四日納一半西歷十二月廿五日完納并將香港內地叚官契章程印於契內并聲明期滿可續批七十五年其地稅由工程司再定

(十五)投得該地叚之人倘有錯誤未遵章程辦理即將其呈繳之地價銀一份或全數入官或可勒令其遵章程辦理或隨時隨地不論用何方法再將該地開投倘再開投所得之地稅價値較前投之價若有贏餘全行入官如有短絀及一切費用概令違背章程之人補足或將該地歸官作爲未經出投而仍將投得該地之人之銀全數入庫日後再將該地出投倘有短絀及一切費用仍令前投得該地之人補足

(十六)投得該地叚之人由投得之日起將該地叚歸其管業

(十七)買主二字無論何事如文理適合包括買主及承辦人或承頂人又如係合份購買者則兼包括其承繼人或承頂人

（十八）以上章程須依照下開特別章程之更改者爲准

（額外章程）

（一）投得該地者或其承辦人或代理人如未經督憲批准除係典按外不得將該地轉讓別人惟若其經遵照總章程第九欵用銀將地經營建築屋宇則可將該地轉售

（二）地圖內用紅色及綠色塡明之地段全段投得者須備欵由投得之日起計十二閱月內將其塡平至合工程司之意爲度其用綠色塡明之地則于塡妥後須將其交回政府不取費用

（三）投得該地段之人未先得　工程司允許不得在用綠色塡明之地貯蓄什物或建築臨時屋宇

（四）所有在該地建築之屋宇其屋之正面須得工程司特別批准方可

（五）若在該地建築住家屋宇祗准建築西式屋宇

（六）如工程司對於該地之水喉煤喉電線電話穢水渠及暗渠視爲須要搬移其搬遷費投得該地者於接諭後須在庫務司署繳納

業主合同式格

立合同人某某住某街門牌第某某號於某年某月某日用銀若干投得某處地段應遵照上列投賣章程即作爲地該業主領取官契爲憑

此號地段係投賣號數第二號册錄　　內地段第　　號地段每年地稅銀一百四十圓

一千九百三十　年　月　　示號

工務局示諭格式

督理建造事務官

諭　　街第　　號　　　知悉現查得

地段第　　號爾之屋宇有不合之欵有違犯一千九百零三年保衛民生及建造屋宇則例第二百二十九欵並暗渠則例第一十九條自須給此諭之日起限六日內須將此有碍衞生之事更除即照下欵辦理

仰爾將屋側渠口之鉄隔安設修葺妥善

須即遵照毋得延遲切切特諭

壹千九百三十　　年　　月　　日諭

紙式格之租鏢及費水負担主業

Form G. **Office of Water Authoriby**

Victoria,HongKong.

....**1933.**

Uudertaking referred to in Section 5 & 12 of the Water Works Ordinance No, 16 of 1903.

I,the undersigned, hereby undertake to pay quarterly to the Colonial Treasurer the amonnt due for excess consumption and annually in advance for water rent, as ascertained in accordance with the Water Works Ordinance. 1903, and the Water Works Regulatims in respect of the service to the tenement known as:..

(Siguature)..(Owner)

(Address)..

請水務局修理屋內喉或水錶格式

Form D.

Requisition for Construction of Service &c, by Water Authority under Regulation 20.

To the
Water Authority.

I, the undersigned, request that you will cause the work specified in the Schedule to be carried out in house No.

Lot No.

I agree to pay to the Colonial Treasury the cost of the work performed by you including all Labour, Materials and Supervision, within fourteen days of the presentation of the account as per a bill to be rendered by you as soon as practicable after the completion thereof.

I enclose the undertaking required by Section 5 of the Water-works Ordinance, 1903, duly signed by me

SCHEDULE

(Signature)..

(Address)..

(Note— The undertaking is only required in the case of a new service, which is to be connected with a principal main, being constructed, or in the case of an old service which is to be reconnected with a principal main.)

按水務章程第二十條整頓水喉各事物
此單專用新安設舊按續水喉者

立單據人　　現住　　街門牌
第　　號今有　　地段
街門牌第　　號屋宇內所有脩理
工程開列在格式紙內者一概情願奉託　水務局
代爲辦理做妥後即將工料費用銀開列清單交下
自接到該單之日起計十四日內定將金數呈繳
庫務司署決無異言茲並將按照一千九百零三年
水務局則例第五欵業經簽名担承單一經同呈存
案立此據是實

格式紙

一千九百三十　年　月　日

的筆立

畫測建築或修改入稟格式

THE PUBLIC HEALTH & BUILDINGS ORDINANCE 1903
(SCHEDULE K)

Notice of intention to commence or resume any Building or Works

Hongkong,......................................*193* .

To The Building Authority,

............hereby give you notice, pursuant to the Public Health and Buildings Ordinance, of...................intention to commence (or resume) the following building (or works) viz :—

....

....

....

in accordance with the accompanying drawing (s) and plan.

PARTICULARS.

No. of Lot ....

Locality ....

Name and No. of street (if any) ....

Width of street opposite building (if any) ....

Purpose for which it is intended to use the Building ....

Special or Material Particulars (if any) ....

Name and address of Owner and Occupier (if any) and of the Agent of Owner (if any) ....

(No. 45)

Signature of Owner, Occupier or Agent.
(Statement of capacity in which the party signs)

土地註册規則

本港田土廳。爲保護人民土地物業及不動產。使有產業者。得以保護。且有登記。易於稽考也。

(一)註册須知

凡有買賣按揭合同囑書及案件契據等。須托律師。向田土廳註册。使證明掛號之時日與鐘點及註册號碼等。以便日後有事發生時。易於追究。否則作爲無效。除囑書外。無論契據合同等。凡在本港簽立者。須於一個月內註册。非在本港簽立者。須於十二個月內註册。凡有產業股份或現欵在港立有遺囑者。倘在本港去世。該囑書須於一月內註册。若在港外去世者。該囑書可於十二個月內註册。方爲有效。

(二)抄封不動產

凡欲先將被告不動產查封。然後候審者。可托律師代辦。但仍須在田土廳註册。如向別處登註册者。作爲無效。

如查封期滿。而原告仍不進行控告。或被封人理由充足者。則可呈請按察司揭封。則按察司毋須待原告許可。當有權先行揭封。所有費用。由原告支給。

(三)田土廳代貯重要契據文件章程

凡有契據嘱書及各重要文件。田土廳可能代爲保全。每單收費用銀壹拾伍元。凡立遺囑。須將囑書封口蓋印。及由田土官加簽字。如立遺囑者。仍未去世。則本人有權將遺囑取回或修改。如去世後。田土廳即將該遺囑交與第一名承辦人收啓。

(四)註册費用

一地叚或一地叚之分叚

價値五百元或五百元以下者……………………一元
價値五百元以外一千元以下者……………………三元
價値一千元以外五千元以下者……………………每千元收三元
價値五千元以上者……………………一十五元

一地叚以上

價値五百元以下者……………………一元
價値五百元以上一千元以下者……………………三元
價値一千元以上五千元以下者……………………每千元收三元
價値五千元以上者
價値貳萬元以上。及該物業枕三地叚。或多于三地叚者。叁拾元。另由第三叚起每叚另加三元算。二號按揭銷號紙。每地叚註册三元算。

領大地紙費用

大地契……………………叁拾元

另測量地叚……………………貳拾元

(五)查册費用

如欲稽查不動產註册者。可依辦公時間。到田土廳查閱。每地叚收費用銀壹元。則一切手續可以明瞭矣

(六)買賣按揭通例

(甲)凡買賣須先訂立合同。限定日期交易。普通例先交定銀一成。如有按揭未清。由買主承回者。其定銀可由賣價除去按揭之數。一成交與賣家方合。如買主有恐交定後。賣主私將舖業按與別人。必須將此合同註册。費用須稍多。但可免重典重賣之弊。如合同到期。買主仍不交易。該定銀即爲賣主所有。但賣主再將此物業轉賣。如不足合同之價。可由法庭向買主追償。

簽立合同之日。須托律師將舖業燕梳紙。向保險公司轉新業主名字。如在未交易期內。有意外發生。買主則可保存利權。

(乙)凡買賣按揭者。買主或銀主須先通知律師調查其現所購或所按之物業。俾得到田土廳詳細

查冊。是否手續清楚。方可買賣。

(丙)買賣徵收印花價目

買價每百元印花……一元

合同印花……一元

(丁)按揭徵收印花章程

(一)揭銀每百元印花……二毫

(二)按揭展期每百元印花……一毫

(三)若將按揭轉按與別人者。每百元繳納印花……二毫

(四)按揭還銀銷號每壹千元繳納印花……二毫

田土廳註冊費已詳列於土地註冊則例內。合同註冊亦照此交納。

(七)律師公會規定按揭買賣合同費用表

如契據無價額者。律師照其所費時間及字之多寡公道取值。

價値一千元或一千元以內者……貳拾伍元

價値一千元以外至二千元以內者……叁拾元正

價値二千元以外至三千元以內者……叁拾伍元

價値三千元以外至四千元以內者……肆拾元正

四千元以外至五千元以內者……肆拾伍元
五千元以外至六千元以內者……伍拾元正
六千元以外至七千元以內者……伍拾伍元
七千元以外至八千元以內者……陸拾元正
八千元以外至九千元以內者……柒拾元正
九千元以外至一萬元以內者……捌拾元正
一萬元以外至一萬五千元以內者……玖拾元正
一萬五千元以外至二萬元以內者……壹佰員正
二萬元以外至二萬五千元以內者……壹佰壹拾員
二萬五千元以外至三萬元以內者……壹佰弍拾員
三萬元以外至三萬五千元以內者……壹佰叁拾員
三萬五千元以外至四萬五千元以內者……壹佰肆拾員
四萬五千元以外至五萬元以內者……壹佰伍拾員
五萬元以外至五萬五千元以內者……壹佰陸拾員
五萬五千元以外至六萬元以內者……壹佰柒拾員
六萬元以外至六萬五千元以內者……壹佰捌拾元

六萬五千元以外至七萬元以內者……壹佰玖拾元

七萬元以外至七萬五千元以內者……弍佰元正

七萬五千元以外至八萬元以內者……弍佰壹拾元

八萬元以外至八萬五千元以內者……弍佰弍拾元

八萬五千元以外至九萬元以內者……弍佰叁拾元

九萬元以外至九萬五千元以內者……弍佰肆拾元

九萬五千元以外至十萬元以內者……弍佰伍拾元

十萬元以外者。每壹萬元加費壹拾元算。

買賣合同律師費用表

一萬元或一萬元以下者……弍拾伍元

一萬元以外者……叁拾伍元

除物業之外倘有別種買賣律師費用

六千元或六千元以下者……伍拾元

六千元以上照物業買賣按揭章程收費

如賣家及買家。分請律師。買家照上列價目交納。至賣家之律師費用。或可酌量低減。

按揭還銀銷號費用表(簽在按揭契後者)

一萬元或一萬元以內者……叁拾伍元

一萬元以外者……伍拾伍元

若另做契紙者一律收費……伍拾伍員

掛號紙……壹拾員

批約費用

正副短批約不用註册者……伍拾員

正副長批約不用註册者……壹佰員

註册紙……壹拾員

各種買契分列

(一)一人名下購買。

(二)多于一人合份而購。其權利以名數多寡而定者。稱爲合衆業主。(Tenant in common)

(三)多于一人合份而購。但一人去世。其餘人數將其權利均分者。稱爲連合享受。(Joint Tenant)

經手佣　賣主普通每百元……五毫算

買主普通每百元……五毫算

佣銀間有多寡。視乎所買賣之價值相宜而酌定。

(八)新界田土廳稅則

由一九三一年三月起。凡新界買賣按揭批約合同等。須照下列繳稅

(一)買賣印契照賣價。(如有按揭不得扣除)

(甲)價銀五十元內。每十元。壹毫

(乙)價銀五十元外。每一百元。伍毫

(二)批約或批約合同註册。每年每百元實租。抽稅五毫

(三)按揭印契稅。每百元一毫。

(四)按揭銷號印契。每五百元一毫

(五)無價値之分契。第一段抽一元。其餘每段一毫。(總數不抽多過二元)

(六)權紙註册印花一毫

(七)承辦紙已納遺產稅註册。第一段抽一元。其餘每段抽一毫。

(九)一九三一年修正土地註册

凡契據經由田土廳註册。其契內未見聲明價値者。須由田土廳。約價估定之。其印花須照所定價額繳納。

(十)田土廳註册手續

(一)凡到廳調查屋宇。須先在街名部查明該屋是屬於何處地段。

(二)旣將所查之屋宇地段查明後。再將目錄查該地段是載於何册籍。查妥後。即將該册之號碼塡寫於第一種格式紙。幷須署名於第二種格式紙。及貼相當印花。(每段地印花一員)

(三)兩種格式紙旣塡妥後。可交該署職員。則該職員定即將册交出查閱。如册內載有須另查別册者。須再塡第一種格式紙。交該署職員再取。

(四)凡已查之册。如在二十四點鐘內。欲再查閱者。可免收費。

田土廳查冊第一格式

The documents must be returned to the Clerks-in-charge before leaving the office

Land Office.

Time..............................m, Date:..................................193 .

Requisition for

Memorial No.	Volume.	Folio

Counterpart Crown Lease

.... *Lot No*...

Signature...

Address, ...

田土廳查冊第二格式

(註冊或查冊繳費用)

HONGKONG.......................193 .

No.__________

Requisition, On Land Office To—

			$	ct
Register	Agreement	(@ $ 15.00, $ 3.000) *		
Do.	Assignment	(@ „ 15.00, „ 30.00) *		
Do.	Mortgage	(@ „ 15.00, „ 30.00) *		
Do.	Equitable Charge	(@ „ 15.00, „ 30,00) *		
Do.	Other Alienation	(@ „ 15.00, „ 30.00) *		
Do.	Re-assignment	(@ „ 15.00, „ 30,00) *		
Do.	Will, Probate or Letters of Administration	(@ „ 3.00,)		
Do.	Decree or Order of Court	(@ „ 3.00,)		
Do.	Judgment	(@ „ 3.00,)		
Do.	Lis Pendens	(@ „ 3.00,)		
Do.	Discharge of a Lis Pendens	(@ „ 3.00,)		
Do.	Write of Foreign Attachment	(@ „ 6.00,)		
Do.	Certificate Cancelling Writ	(@ „ 3.00,)		
Do.	Verified Certificate	(@ „ 3.00,)		
Receive	For Safe Custody, Deed, Will or other Instrument	(@ „ 1500,)		
Issue	Certificate of Receipt thereof	(@ „ 1500,)		
Do.	Certificate of entry of discharge of Lis Pendens	(@ „ 3.00,)		
Grant	Search—of Deed Register	(@ „ 1.00,)		
Do.	Do Foreign Attachmenst	(@ „ 1.00,)		
Do.	Do Judgments	(@ „ 1.00,)		
Do.	Do Lis Pendens	(@ „ 1.00,)		
Do.	Uncertified Coyp of any Will, Deed, Memorial or other Instrument, (per Folio of 72 Word)	(@ „ 0.75,)		
Certify	Copy	(@ „ 15.00,)		
Grant	Lease With Counterpart	(@ „ 10.00,)		
Attach	Plans to Lease Counterpart	(@ „ 20.00,)		
Place	Set of Boundary Stones	(@ „ 15.00,)		

***Note- When the Consideration Money is $ 5000 or under, the reducee fees as fixee under Government Notification No. 644 of 29th September 1903 are payable.**

Total.......................................$

Payment in Stamps to be affixed hereto

Signature.

（十一）承領大地紙辦法（卽政府批地合約。費用已詳明第四欵）

各區地段。凡批期滿。政府例將大地紙從新發給。舊有之契據。一概繳回取銷。如有因按揭等手續未清者。可於承領新大地紙時。與按揭人將舊契取回。轉立新契約。至於印花費用。一概免收。祇自行將律師費支給便妥。

徵收舖屋差餉及估價辦法

（一）香港政府定例。每年由七月壹號起。由估價署將全港物業估定租價。以便徵收差餉。其辦法係按物業租值之多寡而徵收。每年由七月壹號起。計至下年六月叁拾號止。

（二）每年估價署。預先將報租格式帋分派與各物業之業主。或業主之代理人。接到後。須於十天內將租値塡寫呈報。倘過期不報。該署代將租價估定。所估之租價。倘超過現收租額者。不得低減。乃是自悞。雖求減亦無效也。如有收多報少。及瞞稅等事情。一經發覺。則可判以五百元之罰欵。或處以六個月以下之監禁。

估價格式

此係通告香港業戶人等將屋宇事情填報以便按照一千九百零一年徵收差餉則例估計一千九百卅　年七月一號至一千九百卅　年六月卅號一年內之租值

估價官口　爲

通告事按照一千九百零一年徵收差餉則例爾業戶人等對於下開屋宇須照下開各欵詳細填註由通告之日起限十日內須填妥繳回本署此告

一千九百卅　年　月　日

註填本港屋宇地段事欵格式列左

1	2	3	4	5	6	7	8	9	10	11	
估租冊號	街名 門牌	地段號數 何項地段	該屋有無另用別名或號數	何項屋宇 (一)該屋是否連外屋花園用作一家人居住 (二)抑係數人分住	若係貨倉可載貨多少	在該屋居住者無論係屋主屋客姓名及職業	若其屋係分租與人則列明分租之人數並每人納租若干	該屋全間月中租項若干如差餉包在租內或該屋某處無人居住亦須列明	如該屋分租照爾之意年中租項因無人居住而致損失者每百元應占若干	若該屋係全間租與人或發批與人則填明批租之期限並由何日起又該屋修理費用係由屋主抑承批人支給	若有別事可於此格填寫

業主或屋客　　親筆簽押

一千九百　年　月　日

(注意)凡屋主屋客對於上開各情如有抗不填報或玩不填報又無論何人如有故意僞報者可由簡易庭審實罰銀不逾五百元或監禁不逾六個月又如不於十日內填報遇或估多租值則不得上訴

業主屋客住址

(三)估價辦法。照業主所報之租項。差餉在內或另外。陰歷或陽歷計算。其核算表列下。以便參考。

徵收差餉估價核算表

(一)

每月連餉租值	每年連餉租值		每年淨租除一七差餉	
陽歷或陰歷	陽歷計	陰歷計	陽歷計	陰歷計
$1	$12	$12.33	$10.25	$10.54
2	24	24.67	20.50	21.08
3	36	37.00	30.75	31.62
4	48	49.33	41.00	42.16
5	60	61.67	51.25	52.70
6	72	74.00	61.50	63.24
7	84	86.33	71 75	73.78
8	96	98.67	82.00	84.32
9	108	111.00	92.25	94.86
10	120	123.33	102.50	105.40
11	132	135.67	112.75	115.94
12	144	148.00	123.00	126.48
13	156	160 33	133,25	137.02
14	168	172.67	143.50	147.56
15	180	185.00	153.75	158.10
16	192	197.33	164.00	168.64
17	204	209.67	174.25	179.18
18	216	222.00	184.50	189.72
19	228	234.33	194.75	200.26
20	240	246.67	205.00	210.80
21	252	259.00	215.25	221.34
22	264	271.33	225.50	231.88
23	276	283.67	235.75	242.42
24	288	296.00	246.00	252.96
25	300	308.33	256.25	263.50
26	312	320.67	266.50	274.04
27	324	330.00	276.75	284.58
28	336	345.33	387.00	295.12
29	348	357.67	297.25	305.66
30	360	370.00	307.50	316.20
31	372	382.33	317.75	326.74
32	384	394.67	328.00	337.28
33	396	407.00	338.25	347.82
34	408	419.33	348.50	358.36
35	420	431.67	358.75	368.90
36	432	444.00	369.00	379.44
37	444	456.33	379.25	389.98
38	456	468.67	389.50	400.52
39	468	481.00	399.75	411.06
40	480	493.33	410.00	421.60
41	492	505.67	420.25	432.14
42	504	518.00	430.50	442.68
43	516	530.33	440.75	453.22
44	528	542.67	441.00	463.76
45	540	555.00	461.25	474.30
46	552	567.33	471.50	484.84
47	564	579.67	481.75	495.38
48	576	592.00	492.00	505.92
49	588	604.33	502.25	516.46
50	600	616.67	512.50	527.00

徵收差餉估價核算表（二）

每月連餉租值	每年連餉租值		每年淨租除一七差餉	
陽歷或陰歷	陽歷計	陰歷計	陽歷計	陰歷計
$51	$612	$629.00	$522.75	$537.54
52	624	641.33	533.00	548.08
53	636	653.67	543.25	558.62
54	648	666.00	553.50	569.16
55	660	678.33	563.75	579.70
56	672	690.67	574.00	590.24
57	684	703.00	584.25	600.78
58	696	715.33	594.50	611.32
59	708	727.67	604.75	621.86
60	720	740.00	615.00	632.40
61	732	752.33	625.25	642.94
62	744	764.67	635.50	653.48
63	756	777.00	645.75	664.02
64	768	789.33	656.00	674.56
95	780	801.67	666.25	685.10
66	792	814.00	676.50	695.64
67	804	826.33	686.75	706.18
68	816	838.67	697.00	716.72
69	828	851.00	707.25	727.26
70	840	863.33	717.50	737.80
71	852	875.67	727.75	748.34
72	864	888.00	738.00	758.88
73	876	900.33	748.25	769.42
74	888	912.67	758.50	779.96
75	900	925.00	768.75	790.50
76	912	937.33	779.00	801.04
77	924	949.67	789.25	811.58
78	936	962.00	799.50	822.12
79	948	974.33	809.75	832.66
80	960	986.67	820.00	843.20
81	972	999.00	830.25	853.74
82	984	1011.33	840.50	864.28
83	996	1023.67	850.75	874.82
84	1008	1034.00	861.00	885.36
85	1020	1048.33	871.25	895.90
86	1032	1060.67	881.50	906.44
87	1044	1073.00	891.75	916.98
88	1056	1085.33	902.00	927.52
89	1068	1097.67	912.25	938.06
90	1080	1110.00	922.50	948.60
91	1092	1122.33	932.75	959.14
92	1104	1134.67	943.00	969.68
93	1116	1147.00	953.25	980.22
94	1128	1159.33	963.50	990.76
95	1140	1171.67	973.75	1001.30
96	1152	1184.00	984.00	1011.84
97	1164	1196.33	994.25	1022.38
98	1176	1208.67	1004.50	1032.92
99	1188	1221.00	1014.75	1043.46
100	1200	1223.33	1025.00	1054.00

徵收差餉估價核算表

(三)

每年淨租除一七差餉		每年連餉租值		每月連餉租值
陰歷計	陽歷計	陰歷計	陽歷計	陽歷或陰歷
$1064.54	$1035.25	$1245·67	$1212	$101
1075.08	1045.50	1258·00	1224	102
1085.62	1055.75	1270·33	1236	103
1096.16	1066.00	1282·67	1248	104
1106.70	1076.25	1295·00	1260	105
1117.24	1086.50	1307·33	1272	106
1127.78	1096.75	1319·67	1284	107
1138.32	1107.00	1332·00	1296	108
1148.86	1117.25	1344·33	1308	109
1159.40	1127.50	1356·67	1320	110
1169.94	1137.75	1369·00	1332	111
1180.48	1148.00	1381·33	1344	112
1191.02	1158,25	1393·67	1356	113
1201.56	1168.50	1406·00	1368	114
1212.10	1178.75	1418·33	1380	115
1222.64	1189.00	1430·67	1392	116
1233.18	1199.25	1443·00	1404	117
1243.72	1209.50	1455·33	1416	118
1254.26	1219.75	1467·67	1428	119
1264.80	1230.00	1480·00	1440	120
1275.34	1240.25	1492·33	1452	121
1285.88	1250.50	1504·67	1464	122
1296.42	1260.75	1517·00	1476	123
1306.96	1271.00	1529·33	1488	124
1317.50	1281.25	1541·67	1500	125
1328.04	1291.50	1554·00	1512	126
1338.58	1301.75	1566·33	1524	127
1349.12	1312.00	1578·67	1536	128
1359.66	1322.25	1591·00	1548	129
1370.20	1332.50	1603·33	1560	130
1380 74	1342.75	1615·67	1572	131
1391.28	1353.00	1628·00	1584	132
1401.82	1363.25	1640·33	1596	133
1412.36	1373.50	1652·67	1608	134
1422.90	1383.75	1665·00	1620	135
1433.44	1394.00	1677·33	1632	136
1443.98	1404.25	1689·67	1644	137
1454.52	1414.50	1702·00	1656	138
1465.06	1424.75	1714·33	1668	139
1475.60	1435.00	1726·67	1680	140
1486.14	1445.25	1739·00	1692	141
1496.68	1455.50	1751·33	1704	142
1507.22	1465,75	1763·67	1716	143
1517.76	1476.00	1776·00	1728	144
1528.30	1486.25	1788·33	1740	145
1538.84	1496.50	1800·67	1752	146
1549.38	1506.75	1813·00	1764	147
1559.92	1517.00	1825·33	1776	148
1570.46	1527.25	1837·67	1788	149
1581.00	1537,50	1850·00	1800	150

徵收差餉估價核算表

(四)

每年淨租除一七差餉 陰曆計	每年淨租除一七差餉 陽曆計	每年連餉租值 陰曆計	每年連餉租值 陽曆計	每月連餉租值 陽曆或陰曆
$1633.70	$1588.75	$1911.67	$1860	$155
1686.40	1640.00	1973.33	1920	160
1739.10	1691.25	2035.00	1980	165
1791.80	1742.50	2096.67	2040	170
1844.50	1793.75	2158.33	2100	175
1897.20	1845.00	2220.00	2160	180
1949.90	1896.25	2281.67	2220	185
2002.60	1947.50	2343.33	2280	190
2055.30	1998.75	2405.00	2340	195
2108.00	2050.00	2466.67	2400	200
2213.40	2152.50	2590.00	2520	210
2318.80	2255.00	2713.33	2640	220
2424.20	2357.50	2836.67	2760	230
2529.60	2460.00	2960.00	2880	240
2635.00	2562.50	3083.33	3000	250
2740.40	2665.00	3206.67	3120	260
2845.80	2767.50	3330.00	3240	270
2951.20	2870.00	3453.33	3360	280
3056.60	2972.50	3576.67	3480	290
3162.00	3075.00	3700.00	3600	300
3425.50	3331.25	4008.33	3900	325
3689.00	3587.50	4316.67	4200	350
3952.50	3843.75	4625.00	4500	375
4216.00	4100.00	4933.33	4800	400
4479.50	4356.25	5241.67	5100	425
4743.00	4612.50	5550.00	5400	450
5006.50	4868.75	5858.33	5700	475
5270.00	5125.00	6166.67	6000	500

(四)凡既將租值呈報後。如政府所估之租額。多於所報租值者。可向估價署求減。

(五)一九零一年本港差餉則例有訂定。凡鋪屋分層租賃者。估差餉時。得除起百份之二十。以彌補丟空時之損失。

(六)凡鋪屋全間租賃者。其差餉則照全年徵收。不能低減。

(七)凡年中估價結束時。憲報有佈告。請諸業主於廿壹天內。可隨時到署察閱。

(八)如有估價超出租值者。可於察閱期內。向按察署經歷司上訴。但該訴詞。亦須同時呈遞估價署。

(九)一九三一年七月一號頒行差餉新規

由一九三一年七月一日起。差餉改爲百分之十七。但只供給未過水塘沙濾水者。則徵百份之十六。及無水供給之屋宇。近政府大喉二百碼內者。仍作有水供給論。亦徵百份之十七

(十)下列屋宇非是營業性質者。可稟求免納差餉。(一)養老院(二)工藝院(三)美術院(四)墳塲(五)醫院(六)圖書館(七)政府物業(八)施藥局(九)博物院(十)廟宇(十一)教堂(十二)祠堂(十三)書院(十四)凡教育機關。港督有權將差餉全數或一部份括免。

(十一)差餉算法

每年所納差餉之租值。乃照宇屋全年估價。可租得之實租而納。

凡業主所收鋪屋全間租項。并無另收住客差餉。該租項乃稱爲差餉在內。每百員差餉壹拾

肆員伍毫叁仙。

凡業主收住戶租項。每百員另收差餉一十七員者。該租項稱爲差餉在外。政府則照業主所報租項。每百員徵收一十七員算。

(十二)繳納差餉期限

每季差餉。至遲須於兩月內繳交。倘若過期。政府定必追討。並須繳納衙署費用。及差餉息項(八厘週算)。如全間屋宇未有人租賃及居住者。可免納差餉。其手續須於每季之第一個月。須將差餉上期繳納。然後可將差餉領回。(即春季在正月。夏季在四月。秋季在七月。冬季在十月)。否則無效。

(十三)報吉租

如宇屋全間無人租賃者。必須每月十五號前。向庫房取下列格式紙。將空樓塡報。否則過期無效。

舖屋報吉格式

THE RATING ORDINANCE, 1901.

NOTICE OF EMPTY TENEMENTS.

報空日子

Hong Kong,................................193 .

SIR,

I beg to give you notice that the Tenements named below have not been occupied since the begining of this month*

No. of Assessment	Street Lane.	
	No.	Name.
	填寫屋宇門牌	填寫屋宇街名

I am &c,

填寫業主或代理人姓名

To the Treasurer.

....

Owner or Agent.

*This notice must be given the Treasury before 15th of the month.

(十四)領回吉屋已納差餉

如有全間吉屋。業主欲領回已納之差餉者。其差餉須照上列之上期繳交。及空租時期依例呈報。方准領回。

每季第一個月十五號以前。須照格式紙塡寫求領空租差餉。倘不足一月者。不准求領。

凡領空租稟章。須塡明通訊住址。

領回吉屋差餉格式

THE RATING ORDINANCE, 1901.

APPLICATION FOR REFUND OF RATES

入票日子
Hong Kong,...............................193

SIR,

I request that you will refund the Rates on the tenements and for the periods named below. Notice has already been given you that those tenements were vacant during the periods stated, which do not include any broken month and the Rates in question were paid into the Treasury in advance during the first month of the quarter.

I am, &

業主或代理人姓名

....
Owner or Agent.

To the Colonial Treasurer.

No. of Assessment	No.	Street	Date of Payment	Date of receipt of Notice	Period of which refund is claimed	Ordinary rates	Total
	屋宇門牌				(求領空租月份已納差餉)	每季餉	求領數目

Received the above amount 收銀人簽字此處

....
Owner or Agent.

NOTE:—This application must be made during the *First fifteen days after the expiration of the quarter* during which the tenements were vacant.
This receipt must not be signed till the claim has been allowed by the Treasury.

注意 須將已繳納差餉之收條夾上

封租規則

本港屋宇。業主對于住戶多屬按月收租。港例凡住戶。欠租一個月以外。無論業主或批租人或包租人。均可向臬署請領拘押票。將欠租住戶之傢私貨物查封。倘該住戶一星期外。仍不交租揭封。則定必將其傢私貨物拍賣。以爲抵償。但爲業主或包租人。見其住客非是有意欠租逃撻者。則不可輕於抄封。免傷賓主感情。且累住客損失查封費用也。至於住客欠租多至兩三月外。或有意逃撻不交租者。在于萬不得已時。始可將其查封。但近來改變新章。一律須經臬署簽許方能執行。以故舊時習慣。多不適用。如向之封租。不問租客爲誰。苟爲舖戶或會所。票上祇須註明某舖某館。即可照封。今則凡屬會所商店欠租。則須註明該舖之股東或司理姓名。方能照准。若祇書某某號。則必將所貼印花塗去擲回。原票不爲受理也。爲業主者。祈留意焉。

封租

(一)凡將舖屋查封。須先到臬署取封租格式紙。照下列紅字塡寫便合

(二)凡封租誓章須由業主簽押。到臬署入稟或由業主委代理人。或收租人查封。但須持有業主授權紙。方能有效。

封租格式（一）

Distraint For Rent Ordinance
(10 of No. 1 of 1883)

In THE SUPREME COURT OF

HONG KONG

Distraint No. .... 193 .

PLAINIIFF

原告（業主或代理人姓名）

V

被告（住客姓名）

DEFENDANT

AFFIRMATION FOR DISTRESS.

(二) 式 格 租 封

IN THE SUPREME COURT OF HONG KONG

(AFFIRMATION FOR DISTRESS)

No. of 193

原告姓名 Plaintiff

被告姓名 Defendant

I 業主或代理人姓名住址 of Victoria, Hong Kong

solemnly sincerely and truly affirm, and say;—

That 被告姓名住址 of Victoria aforesaid

is justly indebted to 業主姓名 in the sum of

$. 欠租數

for arrears of rent of the house and premises No. 何街何號何樓

due for 幾多月 months, to wit, from the 欠租起期日與欠租尾期日

at the rate of 每月租銀幾何

Affirmed at the Courts of Justice
Victoria, Hong Kong the 入禀日子
day of 月份 某年
having first been duly interpretd in the
Cantonese dialect of the Chinese language
by Sworn Interpreter

Before me,

A Commissioner for Oaths.

封租格式 (三)

抄封欵項列上

抄租銀

封各費用銀

票合共銀

WARRANT OF DISTRESS.

HONG RONG

IN THE SUPREME COURT,

SUMMARY IURISDICTION

Distraint .... of 193 .

PLAINTIFF

原告(業主或代理人姓名)

V

被告(住客姓名)

DEFENDANT

The sum for which this Warrant is issued is as follows:—

Rent, ...	$	總 數
Costs, ...	$	印花費用
Tonveyance	$	舟車費用
Cotal to be paid to the Bailiff on demand	$	
Watchmen's fees 60 cents per day, per man	$	
Total	$	

前二項交公差手收

封租格式（四）

HONG KONG

IN THE SPUREME COURT, SUMMARY JURISDICTION

Distress for Rent Ordinance 1883

WARRANT OF DISTRESS

To Distraint No .... 193 ,

The Bailiff of the court.

I hereby direct you to distrain the goods and chat tels on the premises of （住客姓名或商店與司理人姓名）..........

situate at 住客住址..........

for the sum of $欠租總數.......... being the amount of 幾多個月租 month's rent due to 欠何業主..........

for the same on the 欠租最尾日 day of 月份 193 . 某年 according to the provisions of the Distress for Rent Ordinance, 1883,

Before proceeding to distrain under this warrant, you shall demand pay ment of the amount endorsed hereon.

Dated 入稟日子 day of 月份 193 . 年份

Deputy Registrar

封租授權紙格式

（不用印花）

I..do hereby authorize .... to be my agent to act for me in distraining under the Distraint for Rent Ordinance 1883 for the arrears of rent to be hereafter due to me on property situated in

No. .... Street

No. .... Street

No. .... Street

etc.

As to which I am entitled to distrain as owner or attorney alones.

Dated..........................day of..........................193........

Witness..

....

Owner or Agent.

代理租務授權紙

Know all men by these presents that I,....................................
..............Gentlemen **HEREBY APPOINT**....................Victoria in the Colony of Hong Kong Gentleman to be my Attorney in my name and on my behalf to manage or let upon lease or otherwise all or any of the messuages lands tenements and hereditaments of or to which I am now or shall become seised possessed or entitled and to erect pull down and repair houses an other buildings and drains or otherwise improve all or any of the said premises and to make allowances to and arrangements with all or any of the tenants or occupiers and to accept surrenders of leases and tenancies and generally to deal with the premises as fully and effectually as I myself could do AND ALSO to demand sue for collect and received and give effectual discharges for all the rents now due or which shall become due in respect of the said premises and in case of non-payment thereof or any part thereof to enter into and upon all or any of the tenements and hereditaments in respect of which any rents shall be unpaid and for the same rents and the costs and expenses incurred by or incidental to the non-payment thereof to distrain and the distress and distresses then and there found to dispose of in due course of law **AND** to take and use all lawful proceedings and means for recovering and receiving the said rents and for evicting and ejecting defaulting tenants and occupiers from all or any of the said premises and determining the tenancy or occupation thereof **AND ALSO** to represent and appear on my behalf before any Judges Magistrates or other Officers in any Court or Courts of Law or otherwise and to sue plead answer defend and reply in all matters and things touching my said lands tenements and premises or touching anything in which may be in any way concerned AND for all or any of the purposes aforesaid to sign my name to and execute on my behalf all Contracts Agreements Leases Surrenders of Leases Receipts and Discharges and all other Instruments and Things as shall be deemed necessary or expedient **AND GENERALLY** to act in relation to my estate and effects and in relation to the premises as fully and effectually in all respects as I myself could do I hereby undertake to allow ratify and confirm everything which my said Attorney shall lawfully do or suffer or purport to do or suffer by virtue of these presents **IN WITNESS** whereof I the said ....have hereunto set our hands and seals this......................day of ....in the year one thousand nine hundred and.................................... ..

Signed sealed and delivered by the said }
.... }

Solicitors, Hong Kong.

(三)凡封租之禀。須依租項多寡。照下列印花表。購買印花。貼于禀上。

封租印花表(可向郵政局購買)

欠租項	應貼印花
一元至四元九毫九仙	二毫五仙
五元至九元九毫九仙	一元
十元至一十九元九毫九仙	二元
廿元至二十九元九毫九仙	三元
卅元至三十九元九毫九仙	四元
四十元至四十九元九毫九仙	五元
五十元至七十四元九毫九仙	六元
七十五元至九十九元九毫九仙	七元五毫
一百元至二百四十九元九毫九仙	十元
二百五十元至五百元	一十五元

如欠租在五百元以上者。均貼印花十五元便合。

看守差人。每層用貳名。每名每天六毫算。看守八天爲止。即共銀九元六毫。入禀時繳交。如兩層樓相連者。可照一層計算。不用多派。惟上下樓者。均照兩層計。應派二人看守。

封租差人車費。以遠近而定。大約香港四毫。九龍一元。亦在入禀時繳交。

如包租人被業主將樓查封。其分租住客。倘存有包租人單據。証明無欠包租人租項者。該分租人可向傳票官將自己物件取回。可免一幷查封。

包租人抄封分租住客

如分租住客有欠包租人租項者。包租人有權將其查封。但稟內須註明所封者。乃在該樓之方向及第幾號房。有差到時。必須親自指明。

凡封租到八天後。而住客仍未揭封。業主即將屋內傢私什物拍賣。如業主有傢私間格在屋內者。必先向封租差取函往拍賣館聲明是業主之物。否則一幷拍賣。

領取拍賣欵項

凡舖屋封租拍賣後。其欵多少。可逢星期一，三、五日到臬署管庫處領取。幷須照普通貼收銀印花。

移封

凡當住客逃租時。有証人見其遷往某處某樓。即着差人記其某樓某號數。即日或翌日報知臬署。將其抄封。謂之移封。惟遷屋日久者無效。

驅逐票一千八百九十七年第十條第六則定例

（驅逐票爲驅逐租客出舖之用）

有等住客。每有欠租數月或多至一年之久。既無租項繳交。又復不允遷徙。於業主損失重大。故不得已而出驅票。以清手續。而維租業也。凡住客欠租。其租項每月在二十元以下。欠租不過一年者。可出票將其驅逐。但須預先一個月通知。方爲合例。　此乃就租價少者而設。可省去封租手續及費用也

凡入禀時。須由業主或代理人。到廵理府取格式紙塡寫。提欠租者到案。幷限以鐘點時間。(普通以廿四點鐘爲限。)如有違諭不允搬遷。可卽派差將其驅逐。幷勒令將傢私什物搬遷。但原告須依期到堂質訊。方能有效。

其訴詞格式如下

大道西某某號某樓。承租人林某。將此樓尾房租與陳某女人居住。已嫁婦人。因欠租由某年某月某日起每月租銀　元　毫正。訂明上期交租。十月初四已通知他遷出。將房交回。惟至今仍不肯搬出。共欠租項兩個月。屢因討租日夜嘈吵。以致同居不安。我有自願不收其租項。求憲台大人飭差驅逐其搬出。實爲德便。

承租人　林某禀

西歷一千九百三十年十二月五號

住客被債主抄封

凡債主欲將欠債人之住所或舖戶傢私什物查封。必先向法庭起訴。判決得直。方能查封。但欠

債人被債主所封之樓。如與別人租賃者。該業主可能將其加封。祗須交印花及車費。若費無庸繳交。拍賣後所得之欵。業主應占優先權。先將所欠租項費用等扣除。但所扣之欵項。不得多過六個月之租值。其餘悉歸債主或債團人均派。

封租注意

(一)如封租時。須着人預先等候傳票官到。自己將傢私貨物點明。至拍賣之日。須要過目。如有不符原數。可向傳票官追究。則可免違失貨物之虞也。

(二)如住客或別人。帮助將屋內傢私貨物等搬遷。以冀逃撻租限者。均有罪不貸。

(三)不能抄封之物

(甲)在手上需用物件。

(乙)如屋內傢私等物。足以抵償所欠租項者。其餘器具可免查封。

(丙)旅店旅客之衣物。

(丁)寄宿舍內住客衣物。

(戊)欠債者須用之衣服。

(己)貨物傢私曾經歸官管核者。

(庚)貨物由公衆事業交與欠債者。

(四)如派票時。無人在屋內。或閉門不收票。派票官可禀請人情將門開啓。以得抄封。

(五)如住客求展期拍賣。幷得業主允許者。須另交展期差費。由業主收租人代繳。

(六)凡欠租十二個月以外。則不能抄封。

(七)除臬署派票官外。無論何人。倘有假冒擅行發給封票者。可罰欵壹佰元。或監禁三個月。

提防走租辦法

凡在下午八時至早六點時間。有將屋內傢私貨物等。用車或別種輸運搬遷以冀逃騙租項者。一經警察查出。可隨時將其扣留查問。

住戶租賃舖屋手續

(一)上期租約

凡訂上期租交者。須簽立下列之格式。並繳應納之印花費。多少照租價仲算。

茲租到

租務公司　街　號　樓　層訂由　年

月　日起每月租銀　百　拾　圓　毫算按月上期交租

。則否任由

寶號查封追討。并不得窩娼聚賭。及貯存違禁等物。倘有違犯。概歸承租人負

責。至地方應修葺之件。俱由業主辦理。承租人有自行修葺者。該費用應由

承租人支給。不得將租項扣除。恐口無憑。特立此據。

國歷　年　月　日　承租人

夏歷　年　月　日

(二)批舖合約

批客須簽下列格式批約正副共二張。其印花費用主客各半。

批舖合約格式

立批舖合同人　發批人
承批人

茲承批人允與發批人批到　街　號舖屋
由　年　月　日起租每月租銀　千　百　十　元上期港紙訂批
年歷　百　十　元俟期滿之日如無犯
交納閏月照加以夏歷計算所有地稅差餉統在價另交按櫃銀
下列章程按櫃銀即交回承批人無息但不得扣抵租項或債項今開列章程於左雙方均願遵守

(一)此舖係租與承批人做正項生意及正當住眷用不得違背政府禁例不得窩娼聚賭開設煙局不得蒐鹽及作貨倉幷存貯違禁物件

(二)如有年例掃潔淨灰水及工務與潔淨局諭令小修每層樓每次每項工程在十元以內者由承批人支理如在十元以外者歸業主或代理人隨得時派人察驗舖內地方如有破壞污穢及有碍衛生則例者即函知承批人修理如過期七天不修妥則業主代修由按櫃銀內扣除所有小修均照此辦理但扣除按櫃之銀業主再限期通知必須補足原有按櫃之數否即將此合同作廢所餘按櫃銀充公

(三)每月交租日期照陰曆計算均以上期交租如過期五天不交租則業主毋庸憑信通知可即行取回舖另批別人仍須找清欠租但按櫃銀不得取回作為犯章充公歸業主所有

(四)所批之舖內外堅固窗門門扇俱全不得穿牆動壁移梯改格如須修改地方必先取得業主同意但要另交相當按櫃銀為日後規復所更改工程費用期滿之日住客可將自置裝修除入牆外均要拆回搬去不得向業主索補亦無頂手事項

(五)聲明住客間房不得將舖內階磚鑿爛入笋及住客不得在樓上樓內及廚房內破柴

(六)遇有意外事故倘有一層樓或地下可住人者仍應照全間交租不得減少因政府徵收差餉亦如此辦法

(七)將來政府如有頒行何種新章雙方均情願照本合同辦理不再更改

(八)如承批人反悔不租或批期未滿退批或違政府禁例或因事歇業或轉店名及違背合同一切條件即將此合同取消由業主另批別人按櫃銀充公歸業主所有欠租等仍應追討

(九)起租日期業已規定後如舖客遲不入伙乃屬自誤與業主無涉

(十)承批人祇可將各樓分租別人不得轉批別人如將各層樓分租別人仍須照照本合同條件與分租人訂立租約彼此遵守如有膠轕分租與人承批人自理與業主無涉期滿時業主依合同取回分租人不得措阻

(十一)業主如將此舖賣出則此合同作廢

(十二)期滿日租項另行更訂續批與否由業主權限酌定承批人不得踞舖不交及索補分毫

西曆一千九百　拾　年　月　號　發批人
夏歷　年　月　日　承批人　訂立

(三)住戶退租手續

港例凡住戶搬遷。必須依租期預先一個月向業主通知。(即依租期三十天以前)通知之法。以墨函方爲有效。函件可郵寄担保。或送呈業主揭回收據。或托律師代發亦可。

(四)業主將屋取回鋪自用。或將租項加辦法。

凡業主欲將鋪取回自用。及加減租項等。均須依租期預先一個月通知住戶。(即三十天以前)并所通知之函。須寄交担保。倘自己發函。則向住客取回收函憑據。交托律師代發。更爲妥善。

式格租升或舖取客住向主業代師律

Hong Kong,..............................*193*

To

Mr. ....

Tenant of .... floor

of No. .... Street.

Dear Sir,

Re: the .... floor of No. .... Street.

We are instructed by..your landlord or landlord's agent to give you notice, which we hereby do, that you are required to quit and deliver up possession of the above premises now occupied by you in the last day of the .... moon this Chinese year (i.e. the day of ....19....) and that in the event of your holding over or remaining in possession after the date specified the rent payable by you in respect of the premises will be $...................... a month.

Yours faithfully,

....

Solicitors, etc.

全權代理紙

Know all men by these Presents, That I

Have made, ordained, constituted and appointed, and by these Presents do make ordain, constitute, and appoint

jointy and severally my true and lawful Attorney and Attorneys for me, and in my Name and for my use, to ask, demand, sue for recover, and receive, of and from any person or persons whomsoever, all and every Sum and Sums of Money, Rents, Debts, Dues, Goods, Wares, Merchandizes, Chattels, Effects, and Things, of what nature or description soever, which now is or are, or which at any time or times during the subsistence of these presents shall or may be or become, due, owing, payable, or belonging to me the said
and in my name to settle any Account or Accounts, Reckoning or Reckonings whatsover, wherein I the said
now am or at any time or times hereafter shall or may be, in any wise interested or concerned with any person or persons whatsoever, and to pay or receive the Balance or Balances thereof as the case may require, and give and take full Releases and Acquittances for the same, and sign my Name thereto: and upon non-payment or non-delivery thereof to my said Attorney, or Attorneys, for me and in my Name to distrain, sue, arrest, imprison, implead, and prosecute for the same: and upon such Suit to proceed to Judgment and Execution, or to discontinue the same, as they or he shall think necessary: and to Compound and submit to Arbitration any matters in dispute where necessary: and also for me and in my name to sign, seal, and execute, and as my act and deed deliver, any Lease, Release, Bargain, Sale, Assignment, Share or Shares of any kind draw or receive cheque or cheques for Sum or Sums of Money contract Loan or Loans Conveyance or Assurance or any other Deed, for, the conveying any Real or Personal Property or other matter or things wherein I am or may be personally interested or concerned. And I do hereby further authorize and empower my said Attorneys or Attorney to substitute and appoint any other Attorneys or Attorney under them or him for the purposes aforesaid, and the same again at pleasure to revoke; and generally for me andin my name to do, perform, and execute all and every other lawful and reasonable Acts and Things whatsoever, as fully and effectually as I the said
might or could do if personally present. And I do hereby ratify and confirm, and promise and agree to ratify and confirm, all and whatsoever my said Attorneys or Attorney, or his or their Substitute or Substitutes, or any of them, shall lawfully do or cause to be done, in or about the Premises, by virtue of these presents.

IN WITNESS whereof I hereunto set my Hand and Seal the day of in the Year of Our Lord One Thousand Nine Hundred and ....

Sealed and Delivered in the presence of }

遺產則例

遺產者。即指死者棄世之日。所遺下動產與不動產。人壽燕梳。及別人所欠債項租項息項等。生前存欠。俱計至棄世之日止。如有欠到別人債項。應須扣除。

(一)遺產稅表　一九三一年重訂

(甲)遺產稅乃照淨存遺產價值徵收。未滿一百元者。亦作一百元計算。

價值五佰元以上。五千元以下者。每百元抽銀一元算。

價值五千元以上。至一萬元以下者。每百元抽銀二元算。

價值一萬元以上。至二萬五千元以下者。每百元抽銀三元算。

價值二萬五仟元以上。至五萬元以下者。每百元抽銀四元算。

價值伍萬元以上。至十萬元以下者。每百元抽銀五元算。

價值十萬元以上。至二十萬元以下者。每百元抽銀六元算。

價值二十萬元以上。至四十萬元以下者。每百元抽銀七元算。

價值四十萬元以上。至六十萬元以下者。每百元抽銀八元算。

價值六十萬元以上。至八十萬元以下者。每百元抽銀九元算。

價值八十萬元以上。至一百萬元以下者。每百元抽銀十元算。

價值一百萬元以上。至二百萬元以下者。每百元抽銀壹拾壹元算。
價值二百萬元以上者。每百元抽銀壹拾弍元算。餘類推。

(乙)遺產稅特別徵收辦法

如遺產價值一萬零伍百元。照表率應納三百一十五元。惟政府有特別徵收辦法。即
一萬元可抽二百元。再加五十元。共抽二百五十元。
如遺產值十萬零零伍百元。照表率應抽六千零三十元。特別徵辦法。十萬元抽伍千
元。再加伍百元。共抽伍千伍百元。

(丙)如遺產經已納稅。及承受遺產者

(一)在一年內棄世。其所承受之遺產。祇納五成之遺產稅。
(二)在兩年內棄世。其所承受之遺產。祇納六成之遺產稅。
(三)在三年內棄世。其所承受之遺產。祇納七成之遺產稅。
(四)在四年內棄世。其所承受之遺產。祇納八成之遺產稅。
(五)在五年內棄世。其所承受之遺產。祇納九成之遺產稅。
(六)在五年之後棄世。其所承受之遺產。須照十足繳納。

以上年份。乃指兩死者棄世日。

(丁)凡在本港棄世。遺下財產五百元以下其妻子在香港居住者。可稟求臬署經歷司塡寫

格式稟章。領取承辦紙。如得經歷司滿意。即可行發給。其遺產稅可照下列之表率繳納。

價值一百元或一百元以下者。納一元算。

價值一百元以上者。每五十元再加納二毫算。

(二)喪費免抽遺產稅之定額

遺產數目每百元可提出二元五毫之數爲作喪費之用。但其總額最高不得超過一千元。

(三)凡死者生前有欠別人債項。死後應須歸還者。無論多少。准可免抽遺產稅。但該欠項須在本港簽立正式厘印單據。或將本港產業作按。方爲有效。

(四)凡在香港逝世。遺產非在香港範圍者。無須抽稅。

(五)凡死者在三年前內。有將財產轉歸別人名字。而該人不能證明爲正當買賣或按揭者。則作逃避抽稅論。一經查出。須照繳納。

(六)凡死者在生前所賣出之股份。買家未曾轉名者。如能證明非是死者之財產。可免抽稅。

(七)遺產官所派人員。將遺產價估。其費用俱由政府支給。

(八)凡產業由政府估價。如其所定價值。承辦人有不滿意者。可自託測師估價呈遞。如政府不滿意。則測師可與政府磋商最公平之價值辦法。

(九)凡死後六個月內。須將死者產業之數目呈遞政府察閱。遺產稅須由死者之日。至入稟之日止。或在於六個月內。須加繳週息四厘。如過六個月外。則另須加週息八厘。

（十）如遺囑所舉之承辦人。或無遺囑。其應領承辦之人。六個月內須將遺產呈報。或因囑書及別等案件轇轕。可由完結之日起。兩個月內呈報。如案件在四個月後。仍未了結者。則須呈報。不能再展。否則可罰欵一千元。及可再處罰三倍之遺產稅。

（十一）遺產稅項。應於死後六個月內繳納。或遺產官所准展之期限繳交。

（十二）如遺產官聲明稅已交妥。或准展期繳稅。該承辦紙方始發給。

（十三）如無能力依時繳納遺產稅者。政府可準展期繳交。

（十四）承辦人有權將遺產揭欵。以爲繳納遺產稅之用。

（十五）如死者生前有與別人營業。該店司理。由得知該股東去世消息之日起。壹個月內。須將其利益呈報。否則可罰欵五百元。

（十六）承辦人呈稟後壹個月。倘再尋出死者尙有產業漏報。可再入稟。如不續報。一經查出。可罰欵一千元。及漏報之產遺稅。須三倍繳納。

（十七）在本港死後一年。呈報產遺。或在外埠身故。而在外埠已領有承辦紙之日起。十八個月後呈報者。須納遺產稅三倍。如承辦人。能證明在期內竭力調查。亦不能盡尋死者應有之遺產。如理由充足者。可免重納。

（十八）發給承辦紙六個月後。遺產官隨時有權命承辦人於兩個月內。將承辦之遺產數目呈列。如不依期辦理。則再限一月。將数目核清。如不遵辦。可罰欵一千元。或監禁六個月。但能將期限內不能呈列之理由指出。倘理由充足者。或可免罰。

(十九)如承辦人有不滿意所定納之產稅遺。可於三個月內向按察司署上控。如其雙方所估價值。相差在十萬元以內者。可由小錢債衙署提訊。

(二十)凡有將死者之財產運離香港。或毀壞匿藏。或不允呈報者。可罰欵五百元。或監禁六個月。

(廿一)凡有股份買入。未經轉本人名字而棄世者。其承辦人須於領承辦一年內。將股份轉歸承辦人名字。否則可罰欵一千元。或處罰應納同等之遺產稅。

(廿二)凡死者生前與別人權理之產業。雖不用納稅。入禀時亦須附列。否則可罰欵一千元。或罰以三倍之遺產稅。

(廿三)凡非遺囑內所舉之承辦人。或死後無遺囑。非應領承辦之人。未曾呈報遺產。擅行管理死者財產。可罰欵一千元。或可再罰三倍之遺產稅。

(廿四)凡死者未立有遺囑。其遺產則暫行由政府管理。至領妥承辦紙之日止。

(廿五)凡遺囑內所舉之承辦人。年齡未足廿一歲者。則政府當另舉一人爲其管理。待足年歲。方能領取承辦。

(廿六)凡中國人死後未立有遺囑。而有財產遺下在港者。可由駐華領事向中國政府採問中國遺產辦法。繕列作爲憑證。則本港政府或可採仿而行。

(廿七)遇有下列等情。遺產官有權將遺產管理。

(甲)凡在本港或外埠身故。未有遺囑。有產業在港。而無最親屬之人在港居住者。

(乙)凡在本港或外埠身故。未有遺產。而有產業在港。及有最親屬在港居住呈求代爲管理者。

(丙)凡在本港或外埠身故。未有遺囑。而有產業在港。及由死之日一年內。未有人領承辦者。

(丁)凡在本港或外埠身故。未有遺囑。有產業在港。及有最親屬之人。而年齡未足廿一歲者。

(戊)凡在本港或外埠身故。已立有遺囑。而未有舉定承辦人。或已舉定之承辦人。不允接營。或不守職份等情者。亦可由遺產官代爲管理。

(乙)遺產官管理產業。以遺產浮價每百元抽佃五元算。

(廿八)簽立遺囑須知

凡立遺囑。無論用英文或華文繕寫。私立或托律師代辦。須聲明何人爲承辦。及有兩人簽字作證。方爲作實。否則無效。領承辦時。須要兩倍家產者爲保證。方能批准。

(一)普通遺囑格式

立遺囑人　　　。此是余最後之遺囑。從前予所立之遺囑字據。概行取銷作廢。并立
　　　爲吾遺囑承辦及權理物業人。托其將余之動產與不動產。除還我所欠之
債。支給喪葬費。及領承辦費外。所存照下列辦法。此囑
(一)……………………
(二)……………………
(三)……………………

見證人　　　　的筆

(二)遺產留存長遠辦法

英國遺產制度。例不能永遠留存不分。只有長遠的辦法。
譬如有某富翁生子亞甲。　亞甲生子亞乙。　亞乙生子亞丙。該富翁臨終之日。甲乙丙各人俱生存。可將財產入息分與子亞甲享用過世。然後孫亞乙享用過世。然後曾孫亞丙享用過世。然後將財產分與亞丙之子承受。

(三)如買契內。載有死後此物業歸與某人承受。以後不能再立遺囑。分此業與別人承受。祗可立契時聲明。生前可隨時將此契據取銷。

簽立遺囑。常有將產業之租息給與子及媳爲終身享受。其子或媳有一去世。則生存者可兼得死者之權利。但仍須呈報。幷繳納相當之遺產稅。

凡兩人合股營業。或置業。其契約有用（Joint Tenant）名稱者。無論何一股東去世。則其權利歸生存者享受。例須呈報。幷繳納相當之遺產稅。否則過期。稅額或多倍徵收。

（四）凡死後已立有遺囑者。其代存遺囑之人。或尋獲遺囑之人。由死者去世之日起。或由得悉死者去世音耗之日起。或由尋獲囑書之日起。十四天內須將遺囑向管理遺產官呈報。如不遵辦。或故意違犯此例者。可處以五百元以下之罰欵。

士担則例

(一)交收單據應貼士担表

(甲)銀行支票每張一毫。

(乙)貨物儎紙。(一)五元以下者一毫五仙。(二)五元或五元以上者四毫。(三)商店支銀單而經由銀行者一毫。(四)普通交收單據二十元以上者一毫。二十元以下者免貼。

(丙)凡用膠貼之士担。一經塗花。不得再用。否則控罰。

(二)釐印規則

(甲)欠單每五百元釐印一毫算。

(乙)代理權紙釐印五元。

(丙)批約及買賣按揭釐印價目。(一)一年批期。或無期限者。亦作一年計。每佰元二毫五仙。(二)一年外至三年內。每百元五毫。(三)三年外每百元一元。(四)按揭每百元二毫。(五)銷號每千元二毫。(六)買賣每百元一元。

(三)釐印期限

有種契據文件。例須先盖釐印。然後簽押者。必須依手續辦理。倘若先行簽押。則不能蓋釐印也。

(甲)合同。買賣契。按揭。批約。還銀銷號。代理權紙等。七天內須蓋釐印。過期無效。

(乙)欠單。儎紙。担保紙。租賃船契約。保險單。股份轉名紙等。俱要先蓋釐印後簽字。

(丙)普通合約。即蓋一元釐印。過期未往釐印局蓋印者價目。(一)過期一個月內除應納釐印稅外。罰銀五元。(二)過期一個月外至三個月內。除應納釐印稅外。罰銀貳拾伍元。(三)過期三個月外至六個月內。除應納釐印稅外罰銀伍拾元。(四)過期六個月外。除應納釐印稅外。罰銀一佰元。

凡合約過期。未納釐印。如欲加囘。須照上列章程辦理。否則無效。

(丁)買賣按揭批約銷號等契據。須依照期限蓋釐印。否則照下列定章處罰。(一)過期一個月內處罰雙倍。(二)過期一個月外兩個月內。處罰四倍。(三)過期兩個月外。處罰拾倍。

(四)欠單須知

(甲)凡在本港借欵與人。須借欵人簽囘釐印欠單。方爲有效。并須注意簽立欠單之日。須與釐印之日子相同。或該釐印之日子須在簽字之日以前。方能作實。否則無效。

(乙)凡非在本港簽立之欠單。借欵時。須聲明地點。如到港追討。可向釐印局購買。

滙票士担。每五百元一毫。貼在單上。方可有效。

(丙)凡借欵與人。其欵項在一千元以內者。如三年外。欠銀人無函請求展期還欵者。則債主不得追究。

(丁)凡欠單在一千元以外。如六年外。欠銀人無信請求展期還欵者。債主不得追究。

處罰違犯釐印

倘有違犯釐印則例。在兩年內。一經查出。倘能追究查辦。并可處以一萬元之罰欵。或一年之監禁。

香港股份買賣釐印費用表

政府規定之釐印稅。無論買客賣客所有買賣期貨合同單及現貨單。均須依例繳納。茲將士担費用詳細列左。

一元以上至一十元以下	一元
一千元以上至一萬元以下	三元
一萬元以上至二萬元以下	五元
二萬元以上至五萬元以下	七元半
五萬元以上	十元

香港股份經紀會訂定買賣股份表

每股交易之價		
一千元	或以上	每股佣銀伍元
八百元	或以上	每股佣銀四元
六百元	或以上	每股佣銀三元
四百元	或以上	每股佣銀二元
三百元	或以上	每股佣銀一元五毫
二百元	或以上	每股佣銀一元
一百五十元	或以上	每股佣銀七毫半
一百元	或以上	每股佣銀五毫
六十元	或以上	每股佣銀三毫半
三十五元	或以上	每股佣銀二毫半
二十元	或以上	每股佣銀二毫
七元半	或以上	每股佣銀一毫
四元	或以上	每股佣銀五仙
四元	或以下	每股佣銀二仙半

（注意）如每股價值在一千元以上者。其餘每一百元照加佣銀五毫。

金磅股份買賣佣銀表

每股交易之價

五司令以下		每股佣銀個半辨士
五司令	或以上	每股佣銀三辨士
二十司令	或以上	每股佣銀六辨士
六十司令	或以上	每股佣銀九辨士
一百司令	或以上	每股佣銀一司令
百五司令	或以上	每股佣銀一司令六辨士
二百司令	或以上	每股佣銀二司令
四百司令	或以上	每股佣銀伍厘

星架坡股份買賣佣銀表

（佣銀俱照星銀計算）

每股交易之價

五元以下	每股佣銀五仙
五元或以上	每股佣銀一毫
七元半或以上	每股佣銀一毫半
十五元或以上	每股佣銀二毫半
三十元或以上	每股佣銀五毫
一百元或以上	每股佣銀七毫半
三百元或以上	每股佣銀一元
五百元或以上	每股佣銀二元
七百元或以上	每畫佣銀三元

上海股份。每股佣銀五厘。

香港政府。爲執行厘印則例起見。日前特致函華商總會。通知各公司。如開派股息。必須依照厘印則例辦理。茲特照將該通告函刊錄於下。

華商總會關于

厘印則例之佈告

本港華商總會。日前接到庫務司來函。函中所述關于厘印則例第廿六段甲。關係于商場上極爲重要。特譯錄如下。華商總會司理先生台鑑。逕啓者。茲查一九二九年頒行之厘印則例第廿六段甲本港公司犯者極多。因特函貴會。煩將此段向華人公司廣爲宣告(弍)此段內有規定凡開派利息除派利息與註名於公司股內爲股東之人或持有股東信託書之人。或商店外。不能派與別人一節。(叁)各公司施用此段則例。其方法若何。當由其自行負責處理。惟本司之意。以爲應收利息之人須將銀數簽收于該年之息票內。其署名字跡須與存於公司者無訛。方可將利息交出。凡蓋章於簽收條者。不能充份辨別眞僞。若股東非在香港居住者。可將其利息派與別人或其友人。惟該人須持有股東親筆署名之收條方可。否則不能支給。近日派息習慣。每遇有持其股票之人便不問其是否經註冊爲股東。便將利息派出。此不獨有誤交別人之虞。甚或能引起眞正股東追償失及違法被控云。

商標註册

當此商業競爭。凡百貨物。無不鬬麗爭研。互相標榜。以故出品日繁。名稱日異。無論何種貨物。銷路稍廣者。即有人起而仿效之。故世界各國。爲保障商業出品計。均有商標註册之設。凡有貨品形式商標等。均可代爲註册。以杜絕一切冒效之弊。誠商業唯一保障之機關也。茲將香港政府註册之手續。詳列如左。

（一）凡註册商標。在未註册以前。欲查所擬註册之商標。與同類中有無類似者。可禀呈註册署代爲查察。例須繳查册費十元。

禀呈格式

The Registrar of Trade Marks.

Dear Sir,

We shall be glad if you kindly at your earliest convenience make an official search of the enclosed Trade Mark in class

We enclose $10.00 in payment of your fee.

Yours faithfully.

（二）註册署既代查妥覆函後。如所擬註册之商標。確與同類中無相似者。則可禀呈政府註册。其手續例須在公報刊登廣告。每月一期。（每月出版四期）。連登三閱月。（禀式及誓章列後）

禀內要點。

（甲）塡寫格式紙。須查明貨品屬於何欵。

（乙）所註册之商標。是屬於公司或個人或商店者。

（丙）入禀人之姓名。用中文或英文簽字任便。

（丁）商標之特別名稱。

（戊）商標圖樣。須備四張。一張貼於禀內。其餘三張。一幷附夾於禀內。

禀求註册禀式

商標圖樣貼於此處

該圖須用靭紙或布質爲之

Application for Registration of a Trade Mark

Application is hereby made for registration of the accompanying trade mark in class (第幾類) in respect of (該類貨品名) in the name (個人或商店或公司名) who claims to be the proprieter (or proprieters in case of a Co.) thereof.

(*Signed*) 簽名處

Dated　　day　　19

To

The Registrar of Trade Marks, Hong Kong.

入禀誓章

Statutory Declaration.

I (姓名住址) do solemenly and sincerely delcare as follows:—

(1) To the best of my knowledge and belief I solely (or jointly with ....) have the right to the exclosive use of the trade mark referred to in my application dated the .... day .... 19 ....

(2) Such trade mark has been used by me (my firm or Co.) in respect of the goods mentioned in my (my firms or Co's) application since.

(如用新商標須照下文寫)

Such trade mark has not hitherto been used by me (my firm or Co.) in respect of the goods mentioned in my application but it is my (my firm's or Co's.) intention so to use it forthwith.

(3) To the best of my knowledge and belief the said trade mark has (or has not been registered elsewhere) been registered in .... country in the same of .... in respect of the same and similar goods as those in respect of which registration is now sought: And I make solemn declaration conscientiously believing the same to be true and by virtue of the statutory declaration,

Declared at ....

This .... day of .... 19 ....

Before me

官簽 簽名

（三）凡既有註册商標之公司。無論個人或商店。見公報所登註册之商標。在同類中有類似而欲加反對者。可在於該號登憲報三個月內。照下列稟式起訴。幷須繳費用銀貳拾元。

反對商標註册稟式

Notice of opposition to application for registration.

(to be eccompaied by an unstamped duplicate)

In the matter of an application No.............................

by.................................of.............................

I (姓名住址) hereby give notice of my intention to oppose the registration of the trade mark advertised under the above number for class............................in the Gazette of........................day of...........................19..........

The grounds of the opposition are as follows:

(填寫反對之理由) ....

(Signed) 簽名

Date the........................day of...........................19..........

Address for service.

To

The Registrar of Trade Marks, (通訊處)

Hong Kong.

（四）凡在公報刊登廣告三期外。（即三個月每月一期）無人反對者。則稟呈註冊人。可繕下列稟式。呈入註冊官。并繳費用銀式拾元

交註册費稟式

Fee for Registration of a Trade Mark.

Sir,

With reference to your letter No.:— of the .... (日子) (註册官發回之函)

I hereby transmit the prescribed fee for registration of the trade mark No.:.................... in class....................

I am,

Sir,

Your obedient servant.

(Signed)

Date the.................... day of.................... 19.........

To

The Registrar of Trade Marks,
Hong Kong.

未通告前禀求續期格式

Renewal of Registration before Notice Given.

I hereby forward the prescribed fee of $20.00 for the renewal of the registration of the Trade Mark No.............. in class.. Date the.................................... day of ....19..........

To

The Registrar of Trade Marks,
Hong Kong.

N. B.

This form must be indorsed with the name and address of the person leaving the same.

(五)註册期限。以十四年爲期。期滿可繼續再展。但須在未滿期六個月以前。商標之主人或授權人。須親自簽字禀呈。方能有效。并須繳展期費貳拾元。

（六）凡註册之期將滿。而註册者尚未禀呈展期。則註册署在於未滿期之三個月前。必有函知註册商標者。使得預爲禀呈繼續。如不依期辦理。則定將註册之商標註册權取銷。倘期滿之日。尚未繳費續期。則註册署定即在公報登告通知。如在期滿後一月內禀呈續期。尚可通融辦理。但須繳應納之繼續費。并另加費用銀拾元。如期滿後一月外。仍未續期者。即將註册權取銷。如仍欲復回註册權者。除應繳納續期費外。另須加費用銀弍拾元。

（七）更改商標。

凡既註册之商標。欲將圖樣修改者。須先將圖樣存於註册署。并在公報刋登廣告。無人反對。方能更改。并繳費用弍拾元。如多於一個者。其餘每個費用銀拾元。

（八）商標之形式。不得用英皇像。英國皇族像。英國國徽。英國國旗。英皇冠冕等式樣。如用別人人像或姓名作商標者。必須得該人贊成。墨函允許。如已故者。則須得死者之有權代表人。墨函允許方可。

（九）凡欲調查商標註册。可自行向註册署查册。查册費用每半點鐘銀一元。如以自已往查未得眞確者。則可請求註册署代爲查册。更爲確實。至商標註册手續。雖可自行辦理。若托律師代辦。更爲妥善。且省手續也。

（十）貨品分類

凡欲知所註册之商標同類中。有無類似者。須先查明該貨品。是屬於何類。然後向註册署調查。

（種類分列）

（第一類）化學原料。爲製造用。影相原料。科學研究用。免銹油料。各種强酸。包括菜蔬酸。梘水。書畫顏色。五金製顏料。

（第二類）化學原料。爲耕種。花園。獸醫。及潔淨之用。即人造田料。醫生藥料。免臭粉。殺蟲粉等。

（第三類）化學原料。爲藥材及藥房之用。如鰵魚油。藥品。專利藥品。膏藥。大黃。

（第四類）生或半生製菜蔬牲口。礦質爲製造用。即提子干。油類。爲製造用。非礦質之染料。製牛皮料。棉麻質。棉花。麻。大麻。羊毛。絲。猪棕毛。頭髮。鷄鴨毛。水松節。爪菜仁。煤炭。煤爐。骨。水泡。

（第五類）生熟五金。爲製造用。如生熟鋼鐵。鐵條。鐵軌。鐵閂。鐵板。水鑊鐵。護身鐵。鐵箍。生熟鉛。鐵線。熟銅。錫。金條。

（第六類）各種機器及機器之零件。（但耕種及花園機器械另列在第七類）汽抽機器。水鑊。壓汽機。水力機。火車頭。車衣機。磅。秤。開礦機器。救火機。

（第七類）耕種及花園用之機械及零件。如田犂。機器鑽。割禾機。碎物機。除殼機。

製牛油機。滓葉汁壓等

(第八類) 格致儀器。及學校儀器。如會計機件。測量雨水尺。海底測量尺。眼鏡。

(第九類) 音樂器。

(第十類) 鐘。錶。風雨針。寒暑針。日晷等。

(第十一類) 醫生用品。綁帶。手套。剪。放血刀。放大便器具。

(第十二類) 利器。刀仔。义。較剪。大剪。銼鋸。

(第十三類) 鐵器。斧頭。鎖匙。盆。針。鋤頭。鐵栖。酒鑽。

(第十四類) 貴重五金貨品(錑質等)首飾。及化學首飾品。碟。鐘殼。鉛筆殼。沙非路及別種電包貨品。鍍金及包含物料。

(第十五類) 玻璃。窗門玻璃。厚片玻璃。油油玻璃。鐵紋玻璃。玻璃珠。

(第十六類) 磁器及瓦器。中國磁器。石質器皿。磍磚。磚。

(第十七類) 五金質。或別種質的屋宇建築及裝修材料。英坭。灰坭。化學雲石。隔火紙。

(第十八類) 機器工程畫測及屋宇用具。如沬水具。暖氣機。通氣機。格水機。燈具。

(第十九類) 軍械。子彈。及營幕等。如大炮。小鎗。打獵鎗。劍。鎗碼。帳幕。

(第二十類) 爆炸品。火藥。炸藥。霞霧警告。砲後膛。烟花。鎗噏。

(第廿一類) 船上用具。錨。練。船帆。
(第廿二類) 車輛。火車之客車。牛車。或坭車。火車軌。單車。浴身椅。
(第廿三類) (甲)棉紗。 (乙)棉線。
(第廿四類) 棉製布疋。如棉內衣。及長大布疋。
(第廿五類) 棉布不載於廿三廿四及卅八類。如棉帶。棉繩。棉纔。
(第廿六類) 竹紗。蔴紗。及縫衣線碌。
(第廿七類) 竹紗及蔴紗疋頭。
(第廿八類) 竹紗及蔴紗布疋。非載於第廿六廿七及五十類。
(第廿九類) 印度植物，(類似大蔴)爲製帆布。紙料。及蓆之類。(未有載在第五十類)。
(第三十類) 絲織。及絲製縫線。
(第卅一類) 絲髮疋頭。
(第卅二類) 絲髮貨品。不載於三十及卅一類。
(等卅三類) 羊毛鬆實紗。及頭髮。
(第卅四類) 羊毛布及絨等。
(第卅五類) 羊毛鬆實貨品。不載於卅三卅四两類。
(第卅六類) 地毡。舖地布。及漆布。如地毡。冚布。蓆。及門口毡。

（第卅七類）生熟牛皮。及各種皮。或皮製貨品。如馬鞍。馬韁。馬鞭。毡。及獸皮。如皮衣之皮。

（第卅八類）服式品。帽。襪。手笠。靴鞋。及成衣。

（第卅九類）紙料。（紙夾不在內）書藉。及訂裝書籍。信封。火漆。筆。（金筆不在內）墨水。嘜牌。印水具。印字壓等。

（第四十類）樹膠製造貨品。

（第四十一類）傢私。及床鋪被褥。窗簾。紙架。壓紙叽具。鏡。

（第四十二類）日用食品。及食物之質料。穀類。梘。油。槐花。麥精。菓乾。茶。沙穀米。鹽。糖製肉。糖菓。油餅。酸菓。醋。啤酒格漏。

（第四十三類）有汽之酒。及猛烈酒。如啤酒。萍菓酒。威士忌。及各種酒水。

（第四十四類）礦水。汽水。無論人造的。或天然的。羌啤酒。亦入此類。

（第四十五類）已製或未製烟草。

（第四十六類）種植及花木菓仁。

（第四十七類）洋燭。番梘。梘片。發光油。發暖油。及滑機油。火柴。漿粉。藍靛。及別種物質。爲浣衣之用。

（第四十八類）香水。香水具。牙粉。頭水。及各種香梘。包含在內。

(第四十九類) 各種玩具。體操運動器具。如波檯。溜冰鞋。吊魚絲。魚桿。公仔。

(第五十類)

(一)象牙。骨。各木製貨品。別類無載者。

(二)草織貨品。別類未載者。

(三)獸質及植物質而製成貨品。別類未載者。

(四)烟咀。

(五)雨遮。鞭桿。擦。及梳櫳。

(六)傢私光油。擦銅粉。

(七)小帳幕。大繩。水繩串。

(八)各種鈕。(化學鈕及貴重五金鈕不在內)

(九)軟墊。(機器水喉用)各種軟喉。如帆布喉。膠喉。

(十)以上各類未有載明者。可列入此類。

公司註册細章

(一)凡開設公司。或設立會所。如其股東或會員。在弍十名以上者。例須註册。

(二)凡有限公司註册。至少須有股東七名。私設公司。至少須有股東弍名。方能註册。

公司組織辦法

公衆有限公司。股東以占股份之多寡爲有限之負担。

(一)註册章程照下列辦法。

(甲)公司名稱之尾。須加(有限)公司之字(Limited)

(乙)公司營業之宗旨。

(丙)股東有限之負担。

(丁)註册之資本。股份之多寡。及每份股銀若干。

(二)每股東之名份。最少占有一股。

(三)每股東之姓名及所占之股份。

保證有限公司 Limited by Guarantee

(一)凡未規定股本者。註册章程須聲明。

(甲)公司名稱之尾。須加(有限)公司之字。(Limited)

(乙)公司營業之宗旨。

(丙)股東有限之負担。

(丁)凡遇公司收盆。倘公司有負到別人債項。而無欵或不足償還者。須由各股東負責科欵清償之。無論現為公司同人。或在結束前一年內。曾為公司同人。對於當時(即停止為同人時)公司債項，以及結束等費。俱須負責。至於科欵之數。每人不得超越規定之額。

(如香港之東莞工商總會保証有限公司是也)

(二)已有規定股本者。註册章程須聲明。

(甲)公司所擬註册資本。及股份多寡。每股定銀若干。

(乙)每股東名份。最少占有一股。

(丙)每股東之姓名及所占之股份。

(丁)註册之多少。股份之多寡。及每份股銀若干。

無限公司註册章程

(一)未有規定資本者。註册章程須聲明。

(甲)公司之名稱。

(乙)公司營業之宗旨。

(二)資本股份已有規定者。註册章程須聲明。

(甲)每股東之名份。最少須占有一股。

(乙)每股東之姓名及所占之股份。

(三)私立公司。每年須將股友之姓名報告註册署。及聲明由註册之日起。或由上年報告。並無公開招股等情。

(四)凡在本港開設之公司。欲在外埠分設枝行營業者。可在本港註册。其牌費以每年公司所收足之股本。每百元收四仙。該牌費須由發給之日起。四個月內清繳。

凡在港身故。而有股份在外埠枝行登記者。可免抽收遺產稅。

(五)公司敘會規則。

(甲)有限公司。每年例開常年股東大會一次。但其敘會之時間。須與前次相隔不能過十五個月以外。違者可罰欵五百元。

凡股份有限公司。由批准營業之日起。須於一個月外。至三個月內。召集大會一次。(Statutory Meeting)該公司董事。須在未敘會之前七天。將英文報告。送與各股東察閱。該報告至少須有董事兩名核定。如少過兩名者。可由一董事及一經紀簽核。

(乙)公司敘會及選舉權

凡敘會之前七天未有通告。倘有股東五名。則可召集敘會。至敘會時所選舉者。可稱爲主席。每股東有一選舉權。特別提議。須有七成五股東附和。方能通過。其選舉法。可以本人到會。或用代票。如特別提議通過。而有三名股東請押候者。則主席應允所請。

（六）除私有公司外。凡公司註册一年內。仍未領營業牌照者。註册署即通告該公司領取。如收到通告一個月內。仍不領取牌照。則註册署即登憲報通告。如兩個月內。仍再不領取者。則定該公司註册取消。並令該公司解散。但該公司仍可入稟求免。惟須與政府另訂條約。

（七）私立公司則例。

（一）凡私立公司股份。不能公開買賣轉股。

（二）除公司職員外。註册股東以五十名爲額。

（三）凡兩人或二人以上。共占公司股份一股或多於一股者。亦稱爲註册股東之一。

（八）註册費用

（甲）公衆股份公司

凡股份在壹萬元以內者。五十元。壹萬元以外至弍萬元伍千元以內者。每伍千元加費十元。弍萬伍千元以外。至伍萬元以內者。每壹萬元加費三元。伍萬元以外。每萬元加費壹元。如經已註册。而日後增加股份資本者。仍照上列辦理。惟政府所收註册費用。最高總額不過五百元。

(乙)非公衆股份公司

凡股東在弍十五名內註册之公司。收費五十元。

凡股東在弍十五名外至一百名內註册之公司。收費一百元。

凡股東在一百名外註册之公司。收費一百元。另每五十名內加費五元。

如公司章程聲明股東無限名數者。收費叁百元。

(九)有限公司章程

(甲)凡股東已交之股本。不得在公司掛借。如公司欠債。亦祗照股東所認之股份塡償。

(乙)凡未經註册有限公司之商店。而擅用有限公司名義者。每天可罰欵五十元。

(丙)註册費每千元。弍元伍毫。餘類推。

凡旣註册而仍未繳納註册費者。須由呈求註册之日起。加納遲息八厘算。

(丁)凡公衆有限公司。每年由政府派核數員將數目查核。但非是公衆有限公司者可免。

(十)如欲調查公司註册情形。可向公司註册署查詢。查册費用銀一元。

(十一)凡減少股東私立公司。減少弍名以下。或公衆公司減少七名以下。而在六個月外。仍繼續營業者。如有欠債等。須由現有之股東。共同負責。

註册公司開始營業辦法

(甲)凡註册司公。俱有股份資本而兼有向外招股章程。關於下列各欵。未經辦理妥善者。不得開始營業。及有揭借權。

(一)凡股份在開辦前。共應繳之數而未收者。

(二)公司董事應交之股銀而未交者。

公司經理或董事。未曾將開始營業誓章(Statutory Declaration)向註册署登記者。

(乙)凡公司具有股份資本。而無向外招股章程。關於下列各欵。未經辦理妥善者。不得開始營業。及有揭借權。

(一)未將公司節畧向註册署登記者。

(二)各董事仍未繳應交之股銀者。

(三)公司經理或董事。未將開始營業誓章(Statutory Declaration)呈遞註册署登記者。

註册署收到註册公司誓章及節畧後。則發給營業執照。

(丙)凡公司在未經政府批準營業之前。無論與何人訂立何種合約。俱是臨時性質。不得作實。俟致府批準開始營業時。方爲有效。

(丁)如公司未領有執照之前。而擅自開始營業。或揭借等情者。每天可罰欵伍佰元。

公司收盤章程

公司收盤手續。異常複雜。故收盆之公司。多是託交律師代辦。茲將其簡要分列如左。

（一）公司收盆。（辦法分三種）。

（甲）由政府收盆者。

（乙）自行收盆者。

（丙）由政府監督自行收盆者。

（二）凡公司自行收盆。旣選定收盆人後。一切職權。概由收盆人執行。

（三）所舉定之收盆人。須在舉定後五星期內。通告註册署。如逾期不報。每天可罰欵五拾元。

（四）所舉定之收盆人。在舉定之日起。三星期內。須用掛號函通告報窮官。及公司之債團人。何日敘會。敘會之日期。須在四星外五星期內舉行。并須在憲報及兩間華人報紙。刊登廣告一次。

（五）凡公司由自行收盆之日起。不得營業。惟對於收盆有利益者。則可繼續營業。

（六）凡公司已禀呈政府。聲請收盆者。在未批准以前。倘有人提訴。該公司可請政府將案件擱置。但仍須遵行政府所訂之條件辦理。

（七）凡政府旣將收盆命令發給後。無論何方。非得法庭允許。不得提訴。

（八）股東之負担。

（甲）凡收盆一年前。所退出之股東。不須科本還債。

（乙）凡股東旣退股後。公司有欠到別人賬目。舊股東毋須負責。

（丙）如現存之股東。所科股本。能足攤還債項者。則舊股東無庸科本塡償。

（丁）凡股份有限公司之股東。祇可科足所欠交認定之股額。

（戊）凡保証有限公司之股東。祇担任照其認定之股額多寡科數。

收盆派數之次序

（一）先扣交公司一年內應欠政府之稅餉。

（二）次扣交公司欠職員四個月之薪金。但其總數不得超過伍佰員。

（三）再扣欠工人兩個月前之工金。總數不得多過二百五十元。其工金以時間之欠暫。或以每段工程計算。以上欠數。須要派足。如存欵不敷。則照數目多寡遞減。

（四）以上各欵。經已派清。如有盈餘。方能派還債目。

（九）凡收盆各件辦妥。已將淸單呈列註册署註册。則三個月後。該公司方得作爲解散。

華人合股生意條例

(一)華人合股生意。凡占紅股者。不得享受老本息。每年由溢利除派老本息外。其餘占紅股者。則與各股東均分享受之。

(二)凡已註册之股東。占股無論多寡。倘遇有欠債事發生。則已註册者。祗照股份之多寡成數負責。

(三)未有註册之股東。須負責該店無限之債項。

(四)註册時。須將下列各欵詳列。

(一)合股營業之名號。

(二)何種事業。

(三)營業地點。

(四)股東及紅股東之姓名住址。

(五)合股之條件。及何日期起。

(六)資本共多少。及收足多少。

(七)凡股東註册。須聲明認股多少。是否交現欵。及交股之手續與朞限。

(八)凡股東註册。須聲明所應占利益多少。

(九)凡占紅股者。註册時。亦須聲明所占之利益多少。

(五)凡已註册或未註册之股東棄世。司理人須向政府報告。倘不呈報。則每天罰欵拾元。或共罰不過五百元。

(六)股東註册費。(將所占股份價值分三種徵收)

(一)凡占股壹萬員以內者。每五百員納費壹員。如在五百員以下者。亦照五百員計。

(二)凡占股弍萬五千員以內者。其壹萬員照上辦理。其餘壹萬五千員內之價。每千員納費壹員。倘未足壹千員。亦照壹千員計。

(三)凡占股在弍萬五千員以上。其弍萬五千員照上辦理。其餘每千員徵收五毫。如未足壹千員者。亦照壹千元計。

以上之徵收費。如不繳交。則照註册之日起。加收週息捌厘算。

(七)華人合股生意。

華人合股生意。除銀業外。無論開設何種公司。社會。或合股事業。如股友在二十名以外者。須照公司則例手續註册。否則作違例論。

報窮則例撮要

凡有欠到別人債項。無論因生意虧損。或私人用途。無力償還。而立心確無瞞騙者。則可將個人或公司之貨物財產。全盈數目。呈遞報窮署報窮。將財產攤還。凡債團人知欠債者有不穩妥情形。亦可入稟使欠債人報窮還欵。茲將其手續詳細列左。以便參考焉。

（一）凡債主能證明欠債人三月前。有不穩情形。及其所欠債項。總數在五佰元以上者。債主無論一人或數人。可聯同或單獨入稟報窮署。使欠債者報窮。但須欠債人現居本港。或一年前有住眷屋宇或生意在港者方可。否則無效。

（二）凡報窮稟既批准後。如報窮官認欠債人有不妥者。可在於上午八点至下午六点之時間。自行或派人到欠債人處將存貨及數部搜查。如欠債人有不遵命到堂查詢。或阻正搜查者。是違港例。可處以六個月之監禁。

（三）凡報窮官有不滿意債主所稟呈之理由。或相信欠債人能淸還債項。或欠債人之財產。除訟費外仍不足派還一成半之債項者。報窮官可將原稟退回。

（四）凡欠債人如能證明自己所存之財產。除訟費外。尙可派還一成半之債項者。則可自行呈遞報窮稟。

（五）報窮稟無論債主或欠債人所呈遞者。非得報窮官允許。不得取消。

（六）關於下列各項。報窮官可將欠債人扣留查辦。及將其生意貨物財產數部等扣留。

（甲）凡報窮通告已發給。債主或欠債者已呈遞報窮稟後。報窮官以爲欠債人逃走者。或欲逃走避免債項者。或欲避免收報窮通告者。或避免詢問者。或延緩或阻滯報窮者。均可扣留查辦。

(乙)凡禀呈無論是債主或欠債人所呈遞者。如報窮官信得欠債人將欲發賣或搬遷貨物。避免扣留。或信得欠債者隱藏或將欲藏慝。或毀壞其貨物或數部文件字據。於債主有用者。均可扣留查辦。

(丙)凡已入報窮禀。或已發給通告。欠債人非得報窮署命令。有將價值弍拾伍元以上之貨物遷運者。可扣留查辦。

(丁)凡不遵命到堂詢問。而不能指出理由者。可扣留查辦。

(戊)凡政府認爲欠債人有犯報窮例者。可扣留查辦。

(注意)凡欲將欠債人扣留。而事前未發給報窮通告者。不得將欠債人扣留。

(七)凡在報窮署提訊時。報窮人供稱。有別人欠到其債項者。則報窮官可限期令所欠報窮人之欠債人。將欠項直交報窮署收存。

(八)如欠債者在別埠。報窮官可派員代表查問。

(九)欠債報窮人財產之處置。

先將所欠政府及報窮署之費用扣除外。所餘欵項。照下列次序扣除。

(一)扣除發通告時。所欠政府債項。其債項十二個月內應交者。

(二)扣除由批准報窮之日。前四個月所欠書記及僕人薪金。總數在三百元以內者。

(三)扣除由批准報窮之日。前四個月所欠工金。如每工金或每件工程之工金。總數在壹百元以內者。

(四)扣除已收學師者之學費。

以上俱依次序實數扣除。如財產不敷。則依數多寡伸算而扣。

凡既扣除外。倘有盈餘。由批準報窮之日起。撥分所欠債項週息八厘。

(十)凡欠債人有欠到業主租項者。無論在于報窮之前後。俱可將舖屋查封。但在欠債人報窮後查封者。所封月數。不得多過六個月。如所欠租項在六個月外。而不能查封者。可向報窮官證明存案。以備追究。

(十一)沒收欠債人財產注意。

(一)凡財產屬於信託者。不能沒收。

(二)凡報窮者生意之用具。及其本人與家屬日用所需之衣物床鋪等。共值不過一百元者。不得沒收。

(十二)凡報窮者。在兩年內。曾將財產給贈其妻或子女爲粧奩。或轉賣與妻妾子女者。此財產不能避免爲報窮者之財產。

(十三)凡報窮者在兩年外。所給贈或轉賣與其妻妾子女者。無論由賣之日或贈給之日起。十年內領受財產之人。如不能證明報窮者除所給贈之財產外。當時所剩之財產。仍可抵還現今所欠之債項有餘。該財產雖已轉名。仍作報窮者之財產。

(十四)凡有財產借與妻妾或委託妻妾。或妻妾借與丈夫或委託於丈夫者。倘遇其妻報窮。則其夫不得作債主論。若其夫報窮。則其妻妾亦不得作債主論。只待報窮者將財產攤還各債主後。倘有盈餘。可入禀報窮署扣還。

(十五)凡報窮者有財產在別埠。債團人有權令報窮者簽立權紙。及各種契據。能將該財產變賣。以償欠債。

(十六)債團人有權准欠債者。繼續管理其生意。爲債團謀利。

(十七)凡欠項有聲明計息者。准計回週息人厘。至批准報窮之日止。如欠項所訂之息。多于八厘者。倘派數後。仍有餘欵。則可入禀扣除。

酒牌則例

售洋酒牌照 (牌費每年一千元)

(一)發售洋酒牌照。只准原罇及成單發售。不得開罇零沽。幷不得兼賣土酒。
(二)凡發售之酒。不得在舖內消用。
(三)每日由下午十二點鐘至晨早八點鐘之時間內。不得售酒。
(四)領牌照人。須常備數數部一本。爲記錄所售之酒。以備警察人員隨時到驗。
(五)凡已納稅之酒。無論用何物裝載。須用海關監督署所發給(稅已納)之封條。封蓋於樽樽之上。但小樽之啤酒。波打酒。及萍菓酒。均可免貼封條。

沽土酒牌照

(一)土酒牌照。准可零沽或發行。但不能在舖內消用。
(二)中國酒。無論零沽或發行。直接與間接。均不能售與別國人。
(三)除中國酒外。別種酒類。不得在舖內發售。
(四)(禁止售酒時間)每日由下午十點鐘起至翌晨上午六點止。
(五)凡遷移營業地址。須到海關署及警署報告。
(六)領牌照人須繳交警司所規定之保證金。爲保證牌費之用。

（七）警察司所規定之木架格式。領牌人須將其姓名牌照號碼及規則。塡寫於其上。懸於舖內當眼之處。

（八）（甲）領牌照人。須設存貨部一本。注明店內貯存罇埕等多少。及貯存酒量若干。并於每星期六日收市時。須將該貨部清結。

（乙）每日零沽之酒。如每次在二加倫以下者。須登記在零沽部內。若在二加倫以上。則須并將價目及放行照號碼。每次詳細登記。

（丙）領牌人須設一雜酒部。註明何日將何種酒調勻。酒量之多寡。及酒類之名稱。

（九）除已領有入口牌照。或曾在海關註册。爲某酒廠之總發行外。領牌者。日中之營業。無論沽與每人或每店。俱不得多過八加倫。

（十）領牌照人。須備監督署所規定之放行照一本。凡沽酒在二加倫或二加倫以上者。須發給放行單。註明是何種類。份量。價值。及光顧者之姓名住址。每日下午六点鐘起至翌晨上午六点鐘止。每次沽酒。不得多過兩加倫。

（十一）凡已納稅之酒。運至店內。領牌者可將監督之放行照。用十字塗花。依次序保存半年。以備酒稅員查驗。

牌　費（一千九百三十二年元月修正）

（十二）（甲）掃捍埔大渠西。至域多利亞城。每年六百一十五元。

(乙)掃捍埔大渠起。東至亞公岩。香港仔。鴨脷洲。每年五百五十元。
(丙)除上列地点外。其餘香港各處。均每年四百元。
(丁)九龍及新九龍。(廣九鐵路以西)包括深水埔。每年六百五十元。
(戊)九龍及新九能。(廣九鐵路以東)。包括九龍城。及啓德濱。每年五百五十元。
(已)其餘九龍各處每年四百元。
(庚)新界每年伍拾元。

(十三)雜貨店而兼營酒業。該項酒業。爲其店中之副業。而以雜貨爲正業者。可發給雜貨店特別酒牌。
(甲)祇准存貯及發賣料半酒及雙蒸酒兩種。
(乙)每次沽酒不得多過弍斤。
(丙)店內之酒。須貯在其原來之酒埕內。不得用缸或桶裝載。

雜貨店兼營酒業牌費

(一)香港。鴨脷洲。九龍。新九龍。深水埗。九龍城。及啓德濱。每年一百伍拾元。
(二)新界每年伍拾元。
(三)牌費每年俱按上期一次繳納。

(十四)酒廠牌費。

(甲)壹個甑者。每年二十五元。
(乙)兩個甑者。每年弍百元。
(丙)兩個甑以上者。每年四百元。
(丁)啤酒廠每年四百元。

運酒出入口辦法

(一)入口手續

本港各大酒商。均設有酒倉貯酒。其中亦有集合數家。共設一酒倉者。譬如某號由港外辦酒來港。貨到之後。即入倉存貯。無須納稅。該倉由政府每日派員到塲看管。如某號欲於某日取酒若干埕。或若干箱者。則先往海關取出酒憑証。塡明提取數目。完稅而後。憑證往倉。經管倉警員驗明。乃照數交與。此乃指起酒在本港發賣者。至於運酒出口。則照下列辦法。

(二)出口手續

不論何商店。凡有運酒至港外者。須先到海關領取酒證。塡報提取若干後。按其提取酒量多寡。照在門面發賣之有稅酒稅額。核定若干。運酒出口之賣家。須照數繳欵往海關作按。然後憑証到倉取酒附輪。附輪後。亦須該輪之大伙簽收。交回海關核對銷號。至其按金繳交後。待其酒運抵目的地。由該地海關點收。有證帋回頭。證明其酒若干埕。確於某月某日在此間入口。到時本港之賣家。始得再到海關將按金領回。至領回按金之期限。自寄酒出口之日起。如六個月外。對方海關仍無收酒証紙回頭。則作漏稅論。按金充公。

港府規定船上用酒免稅辦法

船上所用酒水免稅辦法、一九三一年改訂。祇適用於將近開行之四十噸以上之船隻。其特許免稅額。則以海關監督認定充份量額爲標准。

一九三一年酒稅罰欵規則

(一)凡商店有猛烈酒類陳列。而有人在店飲酒時。警察到店查驗。須將牌照繳出。否則可將店內之人。一並扣留控告。並可每人處以二十五元之罰金。但線人或證人。可免科罰。

(二)凡關於賣酒瞞稅。報知政府之線人姓名。政府當代守秘密。且無須到堂指證。

(三)凡領酒牌。須將切實數目呈報。否則作違例論。

(四)凡與酒稅例抵觸。而故意違犯者。除將貨物沒收外。尚可(甲)第一欵可罰欵五百元。或監禁六個月。(乙)第二欵可罰欵一千元。或監禁十二個月。(丙)第三欵可罰欵二千五百元。或監禁十二個月。

(五)凡應納之酒稅。而故意瞞稅者。(酒樓酒店食物店等包括在內)。可罰欵二千五百元。或罰以應納之稅十倍。倘罰欵二千五百元以上。亦不在上列甲乙丙三欵範圍。

煙酒貨倉規條

(一)凡存倉煙酒。無論開箱或包頭等。必須有煙酒稅帮辦在塲監督。

(二)凡吉箱或吉包。不得留存在倉內。

(三)存倉煙酒如有失漏。須於二十四點鐘內。報知海關。

(四)交收貨物時間。每日由上午八點半起。至下午四點半止。如過鐘點或星期日及假期日。欲求開倉交收貨物者。每點鐘收費至三元算。

(五)提取燒酒。每種每次不得少過弍加倫。

(六)倉內不准人居住。

(七)倘遇意外損失。及酒水天然化汽。失其重量。可照下列規定之表率免稅。

(甲)啤酒。每擧昔可除四加倫。

(乙)非猛烈之酒。

每桶二十加倫以下者。每年或一年內可除半加倫。

每桶二十加倫至六十五加倫以下者。每年或一年內可除一加倫。

每桶六十五加倫或以上者。每年或一年內。可除弍加倫。

(丙)猛烈之酒。每桶八十加倫以下者。

(一)在倉兩個月者。化汽可除每百份之三份。如有破漏可除三份。

(二)在倉六個月者。化汽可除每百份之五份。如有破漏可除四份。

(三)在倉壹年內者。化汽可除每百份之六份。如有破漏可除五份。

(四)在倉壹年外者。每年化汽每百份可再除三份。如有破漏。每年可再除每百份之弍份。至五年止。

凡酒桶破爛。須由酒稅人員檢驗。及簽回憑証。方得照以上之定額扣除。

貯烟貨倉

(一)凡設貨倉。其面積在壹萬弍千方尺以內者。須繳保證金三萬元。

(二)凡貨倉面積壹萬弍千方尺以外。三萬方尺以內者。須繳保証金五萬元。

(三)凡貨倉面積在三萬方尺以上者。須繳保証金十萬元。

(四)貨倉牌費。

(甲)已領有工廠牌照者。每年弍佰元。

(乙)未有領工廠牌照者。每年肆佰元。

(丙)工廠牌費。每年弍佰元。

製造中國煙牌費。每年壹佰元。

辦煙入口牌費。每年壹佰元。

烟草貯存出入口處候船出口章程

凡商人欲將烟草暫貯出入口署。候船運往別處者。三天期內每包費用限一毫。或每日二仙。如過三天外。則照上列費用加倍繳納。

一九三二年六月一日修正酒稅則例

(一)洋酒。

(甲)甜酒。三鞭酒。及其他沸泡酒類。每加倫徵稅十元。

(乙)佛蘭地。毡酒。霖酒。威士忌。及其他烈酒。每加倫徵稅六元。(佛蘭地酒如在英國內製釀運來港者每加倫抽稅三元

(丙)各種砵酒。些利酒等。每加倫徵稅四元。

(丁)各種甑酒。每加倫徵稅三元。

(戊)啤酒。砵打酒。釿打酒。柏利酒。士倫酒等。每加倫徵稅六毫。

凡酒多過十八度力者。每加倫每度力加徵七仙。

(二)中國酒。

各種中國酒。含有火酒不足百分之廿四度力者。每加倫徵稅一元二毫。每多一度力加徵五仙。

(三)日本酒與中國酒同稅。

(四)其他土酒類。

凡含有火酒百分之廿四度力者。每加倫徵稅一元二毫。每多一度力加徵五仙。

如非屬上述各類烈酒。得呈由海關監督隨時鑑定徵收之。而每次運此類酒入口。不及二加倫者。每加倫徵稅五元。

華人酒樓牌照 Restaurant Licence

凡領牌照。可向華民政務署。領取格式紙填寫。

(一)凡沽出之酒。祗准在店內飲用。而所沽出之酒。例於用餐時。方能發售。并所用餐費。最少價值以三毫爲限。

(二)鋪內不得設酒巴。

(三)鋪內須守秩序。

(四)不得任人在鋪內醉飲。或沽酒與已醉之人。

（五）舖內須要安設完備之厠所及尿厠。幷須隨時滌潔。爲顧客之用。
（六）領牌照人。須在本舖居住監理。不得委託別人。
（七）領牌照人。須將所給之牌照章程。及店名人名繕於一扁額上。該扁額格式。由警察司規定。
（八）凡在夜間兩點鐘至晨八點鐘時間內不得營業。
（九）此牌照港督可隨時在議例局取銷。
（十）非有衛生司特許人情。舖內不准安設樓底天花板。通心墻。（即爛板墻）。及樓梯底背板。違者定即將牌照取銷。
（十一）樓下地台。須用三寸厚之三合土建築。
（十二）除警察司批准外。非亞洲種人。不准在下列界內中國酒樓用膳。其限制地点。北便以海旁爲界。南便以堅尼道爲界。東便以花林明道灣仔道及石水渠街爲界。西便以軍器廠街及捫茂扶道爲界。

牌費

（以每年所納另差餉之租項伸算）

每年租值五百元以下者……每年牌費貳佰伍拾元
每年租值五百元以外至二千元以內者……每年牌費伍佰元

每年租值二千元以外至三千元以內者……每年牌費一千元
每年租值三千元以外至四千元以內者……每年牌費一千弍佰伍拾元
每年租值四千元以外至五千元以內者……每年牌費一千五百元
每年租值五千元以外至六千元以內者……每年牌費一千七百伍十元
每年租值六千元以外至七千元以內者……每年牌費二千元
每年租值七千元以外至八千元以內者……每年牌費二千二百五十元
每年租值八千元以外至九千元以內者……每年牌費二千五百元
每年租值九千元以外至一萬元以內者……每年牌費二千七百五十元
每年一萬元以外者……每年牌費三千元

每年上期繳納。

沽酒延長營業時間牌照

(一)甲等牌照。延長第一點鍾。加牌費五十元。一點鐘以外。每點鐘再加牌費一百元。
(二)乙等牌照。延長弟一點鐘。加牌費弍拾伍元。一點鐘以外。每點鐘再加牌費伍拾元。
(三)凡營業酒牌。如欲延長營業時間者。可向警察司求取人情。依上列牌費。每年上期繳納。

規定酒樓售酒時間牌照規則

(Restaurant Adjunct Licence)(即午餐晚餐時間)

(一)不得設酒巴。

(二)凡沽出之酒。祇準在店內飲用。幷須在用餐時。方能發售。所用餐費。最少價値以三毫爲限。

(三)售酒時間。每日由下午十二點半起至兩點半止。及由下午六點鐘起至九點鐘止每次售酒不得多過式加倫。

(四)舖內須守秩序。

(五)不得任人醉飲。或沽酒與已醉之人。

(六)不得在舖內賭博。

(七)舖內須設合式潔淨之厠所。以備顧客之用。

(八)領牌者。須在舖內居住監理。不得委託別人。

(九)不得將酒外賣。幷不得陳列于舖外。

(十)領牌者。不得任何人在店內作不端之事。

(十一)牌費與下文酒店牌照同價。

規定酒店售酒時間牌照規則 Hotel Keeper Adjunct Licence

(一)每次沽酒。不得多過兩加倫。

(二)不准設公衆酒巴。

(三)隨時准可售酒與住客。及用膳時餐樓顧客之用。

(四)舖內須遵守秩序。

（五）不得任人醉飲。或沽酒與已醉之人。

（六）不得在店內賭博

（七）舖內須設完備之水厠及尿坑。并須隨時滌潔。以便顧客之用。

（八）領牌者。須在店內居住監理。不得委託別人。

（九）不得將酒外賣。并不得陳列於舖外。

（十）領牌者。不得任何人在店內作不端之事。

（十一）（甲）營業地點。在皇后大道域多利城至呦道為界。每年牌費七百元。

（乙）本港除上開地點外。其他地點及九龍與新九龍。每年牌費四百元。

（丙）遷舖費二十元。

（丁）項手轉名費四十元。

大酒店售酒牌照 Publican Licence

（一）不得發售中國酒。

（二）凡領牌照者。無論在何地點售酒。及飲酒時間。每日只準由上午八點至夜間十二點止。除港督有更改時間。或在特別時期。警察司有權發給兩等特別時間執照。（甲種）公衆慶叙（乙種）團體或各行慶叙。（查上文酒牌延長時間）

（三）舖內須遵守秩序。

（四）不得任人醉飲。或沽酒與已醉之人。
（五）不得在舖內賭博。
（六）舖內須設完備之厠所。幷須隨時滌潔。以便顧客之用。
（七）領牌者。須居住店內監理。不得委託別人。
（八）不得將酒外賣。幷不得陳列於舖外。
（九）除領牌者一人外。凡屬女界。不得在酒巴。及與酒巴直通之房服務。
（十）政府所規定之酒量。須標明於酒樽封條之上。
（十一）領牌者。不得任何人在店內作不端之事。
（注意）凡領大酒店牌照。須要本港有資產之人三名。署名於稟內保証。方爲有效。
（十二）牌費。牌費以每年所納另差餉租項伸算。
　（一）在域多利城內。及山坵區域開設。每年舖租在一萬元以下者。每年牌費一千元。每年舖租在二萬元以下者。每年牌費二千元。每年舖租在三萬元以下者。每年牌費三千元。每年舖租五萬元以下者。每年牌費五千元。五萬元。或五萬元以上者。每年牌費捌千元。
　（二）除上列地點外。在本港別處開設者。牌費照上規章。半價徵收。
（十三）凡將大酒店生意頂與別人。須繳轉名牌費二百元。如新舖之租値有不同者。其牌費視乎租値之多少而增加。

式 稟 照 牌 店 酒 大 領

Application for Publican's Licence.

Hongkong.

The liquors Consolidation Ordinance 193 .

Name of Applicant ....address..................Nationality ....Has held a Licence for..........................years.

Licenced house to bet No. ....Street.

Its name or sign to be...............................

Sureties

of..and

of..and

To

THE LICENCING BOARD.

I give notice that I intend to apply at the next meeting of the Licencing Board for a licence to sell by retail intoxicating liquors (except Chinese wines and spirits) in the house and appurtenances thereunto belonging above named, which I intend to keep as an inn or public house.

Dated the..................day of ....19........

(Signed)....................................

We, the undersigned house holders residing at............... ....in the said colony, and being in no way directly or indirectly connected with the sale of liquor to the applicant, certify that the above named applicant is a person of good fame and reputation and fit and proper to be licenced to keep an inn or public house,

Dated this..................day of................................19..........

(Signed)

1...

2...

3...

領酒樓及酒店售酒牌照禀式

A pplication for Adjunct Licence, Hongkong.

The liquor consolidation ordinance 1931. Name of Applicant..........................Address................ ... Nationality ... .

has held a licence for ....years.

Licenced house to be at No.............................Street.

Other business carried on...

Sureties.......................of...................and.....................of.....................

TO THE LICENCING BOARD

I give notice that I intend to apply at the next meeting of the Licencing Board for a licence to sell by retail intoxicating liquors in the house and appurtenances thereunto belonging above named, as an Adjunct to the business which I am carrying on in the said house and premises.

Dated the..................day of.....................................19........

領食物店牌照禀式

To The Head,

Sanitary Department,

I/We the undersigned, beg to apply for licence to commence the bussiness of an Eating House under the sign of........ ....on the premises known as No............... ....

....

Signature of Applicant.

Hong Kong...193　　Address.......................... ....

具禀人　　住　　街

門牌第　　號現擬在

街門牌第　　號

樓用　　字號開設食

物館生理用特赴轅禀請懇給

新牌照將該店註册俾得遵例

營生則沾恩靡既切赴

清淨局總辦大人台前

恩準施行

叩禀

一千九百　　年　　月　　日

一九三三年規定烟草入口稅則

未製成之烟葉

(甲)未扱碎烟葉 (一)在百磅以內。水氣有十磅。或多過者。英國原料及製造。每磅稅銀六毫三仙。別國製造每磅稅銀七毫。(二)在百磅以內。水氣少過十磅。英國原料及製造者。每磅稅銀七毫二仙。別國製造者。每磅稅銀八毫。

(乙)已扱碎烟葉 (一)在百磅以內。水氣有十磅。或多過者。英國原料及製造。每磅稅銀七毫六仙。別國製造者每磅稅銀八毫四仙。(二)在百磅以內。水氣少過十磅。英國原料製造者。每磅稅銀八毫四仙。別國製造者。每磅稅銀九毫三仙。

已製成之烟葉

(甲)呂宋煙 (一)英國原料及製造者。每磅稅銀一元六毫。(二)別國原料。在英國內製造(價值四份一爲工值)。每磅稅銀一元八毫。(三)別國造製者。每磅稅銀二元

(乙)捲烟 (一)英國原料及製造者。每磅稅銀八毫。(二)別國原料在英國內製造(價值四份一爲工值)每磅稅銀九毫。(三)別國製造者每磅稅銀一元。

(丙)別種烟(包括鼻烟及呂宋烟碎) (一)英國原料及製造者。每磅稅銀八毫。(二)別國原料。在英國內製造(價值四份之一爲工值)每磅稅銀九毫。(三)中國製烟。每磅稅銀九毫。(四)別種烟每磅稅銀一元。

以上稅則。係規元值一司令八扁士。仍依舊滙水增減。每月有一定價目。照上海銀行上月全月平均賣價即期司令單伸算。其算法以上規定稅額。乘二十。後以司令單價分之。便知是月稅價。

免稅烟草

(甲)船上貯倉爲伙食用者。

(乙)搭客行李內。開頭散包。爲私人用者。(免稅烟草之份量不得超過海關監督之定額。)

一九三二年重訂煙草零沽牌照章程

（一）凡未領有售烟牌照。不得發售煙草。領牌人亦須在牌照所註册之地點發賣。

（二）凡領牌人在牌期內。須將該牌照掛在舖內之當眼地方。

（三）領牌者須設存貨部一本。凡買入各種烟草。無論捲煙及呂宋烟熟烟或別種烟。收到時。須將其實數逐欵登入部內。又每逢星期六日收市時。須將該部埋結。每日之零沽總數。須要每日逐欵登記在零沽部內。但每次有客到買價值五十元以上之呂宋烟。或價值貳拾元以上之別種烟。即須將賣出之烟名價值及放行照之號數。每次特別登記在零沽部內。

（四）領牌人須向海關署領取放行照部一本。凡每次賣出價值五十元以上之呂宋烟。或價值貳拾元以上之別種烟與顧客者。須將該烟之種類嘜頭價值及買貨人之姓名住址註明于面據及存根之上。隨將面據蓋章。交與買客收執。作爲放行照。又每日由上午六時起至下午六時止之時間內。每顧客買烟不得多過貳拾元。呂宋烟則不得多過伍拾元。

（五）領牌人每次收到一張放行照。其照面所列之烟。即須用墨筆畫斜線兩條於該照之上。將其取消。并須由收到之日起。依日期保存六個月。以便帮辦隨時查驗。

（注意）如有不明此例。可親往海關署。即將辦法逐欵解明。以免誤會。

一九三二年重訂煙仔販賣牌照費

本港烟仔小販營業牌照（分甲乙兩種）

（甲種）大牌。爲茶樓錢檯生菓檯及其他商店之兼營業煙仔者。領牌人須具有固定之店舖門牌方可。

（乙種）小牌。專爲一般老弱孤寡之輩。在各街道擺設烟攤。藉博蠅頭小利以資生活者。得在指定地點擺設營業。惟須稟呈警署。幷得海關署同意。方得領取。（營業時間每日限至下午八時止）。

牌費價目

（一）域多利城及九龍窩打路道之南加士乾尼道及漆咸道等界限營業者。大牌費每年三十元。

（二）香港方面除域多利城外。大牌費每年二十元。

（三）九龍方面除上述地點外。及新九龍。大牌費每年二十元。

（四）新界除新九龍外。大牌費每年五元。

（五）街邊烟仔檯小牌費。每年八元。

（六）辦烟入口商店牌照費。五十元。

鴉片烟則例撮要

（一）凡船隻載有生煙坭入口者。須於四點鐘內到海關呈報。如海關署未開關者。可呈報中央警署。如未經監督許可。不得擅行起貨。或轉運出口。否則可處罰式千元。

（二）除政府公煙外。不得藏有別種烟膏。或一両以上之煙灰。

（三）凡烟膏烟灰。除海關監督或其所委之人外。別人不得發售。

（四）凡烟膏烟灰。不得售與未滿廿一歲之人。年齡在廿一歲以下者。亦不能買入。或吸食。或藏有熟膏。違者可處罰一千元。或監禁六個月。

（五）不准開設烟館。違者可罰五百元。

（六）不准在烟館吸烟。違者可罰廿五元。

（七）不准懷有港政府鴉片烟封條或嘜頭。違者可罰五千元。或監禁一年。

（八）凡懷有與港政府鴉片封條或嘜頭紙樣相似者。可罰五千元。或監禁一年。

（九）凡製造私烟。而僞冒政府公烟者。可罰欵五千元。或監禁一年。

（十）在六十噸以上之船隻。搜獲五百両以上之鴉片烟。或在六十噸以下之船隻。搜獲一百両以上之鴉片烟者。定必嚴辦懲罰。其船東或代理或船主等應負全責。如無罰欵繳交。則須入獄作抵。

出入口貨註册章程

凡出入口貨商。由西曆一千九百三十年四月一號起。其輸出所輸入貨物之種類數目及價值。俱須報此項報告。當填寫于柏拱行三樓編册部所供給之報告入口及出口貨格式紙。有中英文格式紙兩欵。可向編册部領取。填寫格式紙。須注意下列辦法。

輸入及輸出辦法。祗于貨物之由鐵路公路或航空以輸出或輸入時。方要分別表明。

貨物種類　須盡量依照貨物分類表填寫。

貨物分類表　可在編册部購取。每册五毫。

重量或量度　應依照表內。每種貨品所列分類式填寫。

價　　值　入口價值應照來貨原價伸算香港大圓數目。

貨物來源　指貨物現狀之來源。非原料之來源。倘不知貨物來源之地點。則填寫附貨來港之埠名。不同之貨物。或非同一輪船運載之貨物。如欲填寫于一張格式紙內。亦可照式填報。惟出口貨。及入口貨。必須分別報告填寫。完備之報告紙。必須遞到編册部。不得遲過七日之期限。入口貨則于提單交往輪船寫字樓之後起計。出口貨則于載貨輪船離港後起計。如此則商行欲每星期呈遞報告紙一次者。可以照辦。報告紙可飭送信人遞交。或由郵局傳遞。

凡出入口貨商。交往輪船公司之文件。如提單船員收據等。必須明白塡寫商人或商店之名號及住址。或蓋樹膠圖章。使輪船公司易於繕造。

註册章程

(一)本章程各名詞解釋如左。

(甲)人字包括公司及行店在內。(乙)船字包括各項航行船隻。及飛機在內。(丙)船東包括其代理人及租船人在內。(丁)轉貨船。凡貨物如在港時。係由船東職責所管理者。無論提貨單是否屬於直通。均爲轉貨船。(戊)經過貨。凡貨物經過本港海面。而不轉船者。俱爲經過貨。

(二)本章程不得施行于下列各項。

(甲)經過貨。(乙)凡本港政府海陸軍及政府飛機隊。運入或輸出之各物品。(丙)船上軍火。(丁)未逾船票所許携帶免費之個人行李。包括本人所需用之品物在內。(戊)郵政局所輸運出口之各品。(已)凡遊客貨樣。其非係用以售賣。(庚)凡來往海關監督隨時所指定布告各地方之貨物。

(三)凡有貨物。由海道或陸路或空中運入本港。須于收到貨後七日內。照本章程附列之第一格式。或照海關監督批准該格式之譯文塡具。確切報告。呈報海關監督。

(四)凡有貨物。由海道或陸路或空中運出本港。須于運出後七日內。照本章程附列之第二格式。或照海關監督批准該格式之譯文塡具。確切報告。呈報海關監督。

(五)(甲)凡船隻到港。其船東船主或辦房。須于該船到港後七十二點鐘內。塡具確切入口艙口報單。呈交海關監督。或其所委人員。報明該船所運入之各項貨物。而每項貨物又須敘明下列各詳情。

(一)件數若干。其詳情如何。 (二)標誌及號數。 (三)貨物之種類。 (四)付貨者爲何人。

(乙)凡船隻到港。其船東于船到後十日內將運來各貨之收貨人。或交來提貨單。求請副署之人。(無論其爲收貨人與否)之姓名住址。繕列報單。呈報海關監督。報明無人所收之貨。係何項貨物。

(丙)如收貨人到來起貨延緩。或遇有別項原因。以致上開報單。不能將運來之貨全數列入。則船東可每七日繼續補列報單。呈交海關監督。待全數報足方止。

(六)凡收貨人或別人交來提貨單。或其他單據。求請副署船東或船主。須先問明其姓名住址方可副署發給起貨單。

(七)凡船隻離港。其船東船主或辦房。須于該船離港前。或離港七日後。塡具確切出口艙口報單。呈交海關監督。或其所委人員。報明該船所運出之各項貨物。而每項貨物。又須敘明下列各詳情。

(甲)件數若干。其詳情如何。(乙)標誌號數。(丙)貨物之種類。(丁)付貨人之姓名住址。(戊)寄往何處。

(八)凡簽發任何貨物之提貨單。或別種單據。船東或船主。須先問明付寄該貨出口之人。或行店之名號地址。以便塡報出口艙口單。

(九)凡轉船貨。須于呈報海關監督之出入口艙口報單內。註明清楚。

(十)凡收貨人或付貨出口者。或交來單據求請副署者。如有任何貨物之提貨單。或交到別項之單據。則船東或船主。須要將其運入或輸出該貨行店之名號地址給蓋明白。

(十一)凡個人或行店之爲船東或爲租船人。或爲代理者。如將船之管理權轉讓別人或別行店。無論其爲轉讓。抑批租久暫。均須照海關監督規定之格式塡寫。報知海關監督。報明承受轉讓人之姓名住址。並如何轉讓。如係批租者。則報明批租之期限。及批租之詳情。

商船則例

（一）例文「客船」二字。係指六十噸以上之船隻。載客來往香港。及港海界內航行者。

（二）凡客船載客在十二名以上者。每年須驗船一次。惟英國英屬及其他國籍客船。既有該國欠驗船憑證者。不在此例。

（三）凡客船載客在十二名以上者。無論何種國籍。須有該國相當之驗船憑證。方准啓行。

（四）政府對於輪船水鑊之保險汽舌門。均有規定。倘有擅將壓力加開而增加速率者。可處以五百元之罰欵。

（五）凡輪船啓行。須預向船政署領取出口執照。方准開行。如所載搭客有逾定額。或未領有載客執照。而載客在十二名以上者。俱不准啓行。倘有違犯。可處以二百五十元之罰欵。

（六）凡經領出口執照。而載客有逾定額者。其過額搭客。每名可罰欵五元。另可處該輪以二百元之罰欵。

（七）凡在港海界內之船隻。須將該船之載量水線。圖寫清楚。倘有私將其更改。或致該船載量過水線者。可罰欵五百元。并可將船扣留。停止開行。但非載客船。在二十五噸內者。及遊河船。非泡船之營業船拖帶船等。不在此例。

(八)凡輪船裝運危險品物。須放置於主固之倉房。並不能與別種貨物貼近。及須遠離船員搭客者。方准裝載二十名以外之搭客。否則可罰欵五百元。

(九)如寄付貨物、係屬於危險性質。而無標記聲明者。一經查出。則該船東或船主。有權將其貨物拋棄於海中。至損失多少。概不負責賠償。

(十)凡在政府火藥庫。距離五百碼內。無論何種船隻。非得船政署人情。不得在此寄碇。

(十一)凡輪船運載火藥或爆炸品。非得船政署許可。不得在別輪距離五百碼內寄碇。

禁止起儎落儎或轉儎爆炸品時間。

(十二)(在港海界內)每年十月至三月。每日由下午六時至上午六時。四月至九月。每日由下午七時至上午五時。

(十三)例文小輪二字。係指輪船或電船。在六十噸以下儎量者。

(十四)無論小輪或電船。載客有逾定額。可罰欵五百元。或將其船主或船東監禁三月。

(十五)凡將輪內保險汽舌門壓力加增者。可罰欵五百元。或將其船主或船東監禁三月。

(十六)凡小輪船或電船如因過儎。或別種危險等情。不合行駛。而其船東或船主仍任令行駛者。可罰欵五百元。或監禁三月。

(十七)內河輪船。凡內河輪。可向船政署領取載客執照。惟載客多少。須依憑証辦理。不得多儎。倘有逾額。可罰欵二百五十元。另過額搭客每名罰欵五元

(十八)註册費

(甲)五十噸以下者……十元

(乙)五十噸至一百噸以下者……十五元

(丙)一百噸至二百噸以下者……二十元

如再多一百噸。或一百噸以內者。每百噸加費五元。

(十九)(一)測驗洋船載客執照費用

註册一百噸或以下重量者……五十元

註册一百噸至三百噸以下重量者……七十元

註册三百噸至九百噸以下重量者……一百元

註册九百噸至一千二百以下重量者……一百二十四元

註册一千二百噸至一千五百噸以下重量者……一百四十八元

註册一千五百噸至一千八百噸以下重量者……一百七十二元

註册一千八百噸至二千一百噸以下重量者……一百九十六元

註册二千一百噸至二千四百噸以下重量者……二百二十元

倘有超出上列噸數。在每三百噸或三百噸以下。加收二十四元。

以上價目俱以十二個月計算。驗船每次費用不得少過三個月之數。凡新船或初次驗者。其費用俱照全年收取。

(二)關於一八五五年華人搭客驗船費用

驗船及其配件座位化汽器皿貨倉及光線通氣衛生等件。費用收四十元。特別驗船。收五十元。如額外費多時間者。俱收六十元以上之費用。

(三)輪船驗噸位費用

註冊在五十噸以內者……一十四元

註冊在五十噸至一百噸以內者……二十元

註冊在一百噸至二百噸以內者……三十元

註冊在二百噸至五百噸以內者……四十元

註冊在五百噸至八百噸以內者……五十元

註冊在八百噸至一千二百噸以內者……六十元

註冊在一千二百噸至二千噸以內者……七十元

註冊在二千噸至三千噸以內者……八十元

註冊在三千噸至四千噸以內者……九十元

註冊在四千噸至五千噸以內者……一百元

註冊在五千噸以外者……一百一十元

(四)凡驗船時間。在辦公日每日由上午十点鐘至下午四点鐘止。過時須另加特別費用如左。

(甲)辦公日。每日上午八点鐘至十点鐘。下午四点鐘至六点鐘。每点鐘收費十元。

(乙)辦公日。每日上午六点鐘至八点鐘。下午六点鐘至八点鐘。每点鐘收費二十元。

(丙)辦公日。在上午六点前。及下午八点後。每点鐘收費四十元。

(丁)星期日及假期日。每点鐘收費四十元。

如驗船時間未及一点鐘者。亦作一点鐘計。如過一點鐘外。可以每十五分鐘計算。

(二十)小輪及電船細章。

(一)凡未經驗船。及未領有執照者。不得行駛。

(二)船主須由船政署考驗。及領有執照者。方爲合格。

(三)船內至少須配有救生圈兩個。

(四)凡行駛出港外。須附帶有小艇一艘。救生圈四個。另須救生帶及浮水具等。使足以備救生船上所規定之客額。

(五)凡船東須簽立一千五百元之保單。爲保證遵守規則之用。該保單上須有本港殷商二名署名保證。方爲有效。

(六)執照費

	(甲)在港內行駛者	(乙)在香港海界內行駛者
十噸以內者	十元	二十元
十噸至二十噸以內者	二十元	三十元
二十噸至三十噸以內者	三十元	四十元
三十噸至四十噸以內者	四十元	五十元
四十噸至五十噸以內者	五十元	六十元
五十噸至六十噸以內者	六十元	七十元

執照費至少以三個月計算。

(廿一)小火輪租賃價目。

甲等四十噸以上六十噸以下者。

第一点鏑租價六元。其餘每点鐘五元計算。

乙等二十噸以上四十噸以下者。

第一点鐘租價五元。其餘每点鐘四元計算。

丙等二十噸以下者。

第一点鐘租價四元。其餘每点鐘三元計算。

(廿二)一千九百三十二年規定電船價目(港內行駛)

時間	早七點至晚十二點價目	晚十二點至早七點價目
三十分鐘以內	一元二毫	一元四毫
三十分鐘以外四十五分鐘以內	一元八毫	二元一毫
四十五分鐘以外一点鐘以內	二元二毫	二元六毫
一点鐘以外点半鐘以內	三元	三元三毫
点半鐘以外每一点鐘	二元	二元二毫
停船每十五分鐘	三毫	四毫

表內時間。係指包括該船返囘租賃地點。

輪船入口燈塔稅 (一九三三年規定)

(一)凡輪船(除內河船另有規定外)由別埠來港。無論何種船隻。在二十噸以下入口者。俱照噸位每噸收稅二仙四文算。英國及別國兵艦免納。

(二)凡內河輪船。無論日夜到港。每噸位收稅九文。

租賃政府浮碇價目表

(甲等輪船) 四百五尺至六百尺長者。每天租銀……十六元正

(乙等輪船) 三百尺至四百五尺長者。每天租銀……一十二元正

(丙等輪船) 三百尺以內。每天租銀……八元正

星期日輪船上落貨物辦法

凡在星期日上落貨物。須於辦公日預先向海關領取特別執照。方能上落。否則控告。并可罰欵式拾元。

凡輪船遇有特別事故。須在於星期日上落貨物者。如未預先領取執照。可於星期日下午五點鐘前。將銀行支票交到海關署職員任所領取。

凡輪船(無論英國或別國)曾在一八九一年前訂立輸運郵件合同。而該合同仍未滿期者。在星期日起落貨物人情。可免收費。倘該輪以香港爲頭站或尾站者。不在此例。

特別執照費用

輪船註冊以噸數之多寡而定

四百噸或四百噸以內……柒拾伍元

四百噸以外。至柒百噸以內……壹百元

柒百噸以外。至一千噸以內……壹百式拾伍元

壹千噸以外。至一千五百噸以內……壹百伍拾元

壹千伍百噸以外。至式千噸以內……壹百柒拾伍元

弍千噸以外。至叁千噸以內	弍百元
叁仟噸以外。至肆仟噸以內	貳佰伍拾元
肆仟噸以外。至伍仟噸以內	叁佰元
伍仟噸以外	叁佰伍拾元

輪船載運牲畜章程

凡船隻內之豬欄。貯放生豬。不得多過四十頭。每頭須占有三方尺之地方。

凡生豬每頭重量在八十磅以下者。兩頭作一頭計。每頭重量在五十磅以下者。三頭作一頭計。若用籠裝載。則每籠限載一隻。并須分竹排列。每行豬籠之頭部或尾部。應劃出一濶約一尺八寸之小徑。以爲來往餵豬之用。至若豬籠之平放。而不積叠者。各籠應宜用繩索連環將之結繫。若積叠者。須用杫將上層之豬籠支撑。使不至下層之豬受重量之擠迫。

九龍關稅務司解釋檢查船隻手續

（民國廿一年八月六日）

本港華商總會。現接九龍關稅務司來函。關于中國領海內航行之各種船隻。檢查手續。有所見示。查該函頗爲重要。特譯爲漢文。以爲一般船員者告。幸留意焉。玆將原函譯錄如左。

香港華商總會主席先生大鑒。敬啓者。各船船主對于本海關對于檢查過往船隻一事。仍尙未有具體明瞭。茲將詳細奉達。代爲通告貴會各船務同人。俾衆週知。實級公誼。凡在中國領海內航行之船隻。無論晝夜。本海關職員隨時可令其停駛。以便盤問或檢查。如敢抗令故違。船主或船隻之代理人。定予嚴究重罰。將來尤以在珠江河口（在大鏟附近更須注意但該處非爲一定之地點）之各種船隻。被檢查較多。幷列本海關指令船隻停駛之符號如下。先由海關巡查船隻鳴汽笛四响。（即三聲短音而一聲長音）繼以各國通用旗通知。如WN即表示立刻停駛。KZ即表示即速下碇。夜間則用摩士燈作標誌。再者。船上職員。務必負留意海關船隻。或在岸上各站。所發出之各符號。不得藉詞推諉爲不見符號。或見之而以爲此等符號非向本船而發。以圖狡卸。以上各節。各船主爲其本身利害計。應特別注意。仍希代向貴會船務同人通告爲幸。九龍關稅務司啓。

九龍海關管理民船航運條例（廿一年九月）

直線航行違者科以重罰

本港民船。（即帆船）領有外洋牌照者。向自由航行內地各區。運載各項土產物來港。推銷外洋。年中尤以紅磚一項爲大宗。因其運費低廉。一般行商。咸稱便之。故其有佐於國貨之發展。至爲重大。現海關方面。突施行管理航海民船航運新例。對於民船航行。加以嚴厲之直線航行限制。違者科以重罰。此例施行後。一般船家。咸認爲未來生計之一大桎梏。影响極大。且於國貨發展前途。亦受莫大之打擊。現擬進行向政府呼籲。請求撤銷。以安生計。而利國貨運輸發展云。玆採錄該新例如下。

（一）凡中國航海貿易之民船。載重在二百担以上者。均應向海關註册。並請領航運憑單及往來掛號簿。

（二）凡航海貿易民船。應自本章程公布日起。限三個月內。在就近海關呈請註册。倘于限滿後。並不註册。而仍舊往來貿易。海關得將船貨一併充公。或處該船業主或船長以關平銀三百両以下之罰金。或除罰金外。併將船貨充公。

（三）民船業主或船長。呈請註册時。應呈驗國藉證書。並繕具呈請書。詳載船名。船之容量及深長寬尺寸。暨業主姓名藉貫等項。並由該業主或船長及所覓之殷實保店簽印。呈由海關審查無誤。編號註册。發給航運憑單。嗣後該民船無論在何處海關。辦理任何事項。均應遵用所編號數。以資識別。此項船號。應在該船大桅下段。及水手房外之板上。明顯烙印。其船首之兩旁及船尾。亦須遵照本章程第五條內規定之顏色。將船號書明。倘不遵辦。海關得扣留該船掛號簿。凡民船未有領掛號簿。而往來海面貿易者。得照本章程第二條處罰之。

（四）凡民船領到海關航運憑單後。準備開行時。該船業主或船長應向海關呈遞呈請書。請發民船來往掛號簿。該呈請書內。除將請領航運憑單時。所報各項仍應逐一報明外。並應將該船水手人數。及所備自衛槍械數目。詳細載明。至該船是否係往來外洋貿易。抑在沿海貿易。亦應于呈請書內聲叙。或另行具呈說明。經海關審查無誤。即予發給民船往來掛號簿。並將運單內所列之註册號數。及來往貿易航線。一併註入簿內。以憑查考。

（五）此項民船。應於船頭兩旁及船尾。書明註册號數。凡往來外洋貿易者。應用白字黑地。在沿海貿易者。應用黑字白地。倘不遵辦。得照本章程第二條處罰之。

（六）凡沿海貿易民船。如欲變更航線。經營外洋貿易時。應呈驗該管航政局。改換航線證書。由海關核明。將該船首船尾原有註册號數。遵照本章程第五條之規定。改換顏色。重行書明。該船在海關未得原領掛號簿內所載航線更改以前。不得擅自往來外洋貿易。至往來外洋民船。欲改在沿海貿易時。亦須依樣辦理。倘有不遵。得照本章程第二條處罰之。

（七）海關發給之航運憑單。及來往掛號簿。必須存置船內。民船每次所載貨物。應開列艙口單註明貨色件數。以及起運指運之口岸。其有散艙貨物。亦應將貨之重量數量。于單內詳細列明。如無此項艙口單。應向海關或分卡或海關派往海面之值事人員。詳細說明情由。經關員認爲滿意。方可免予置議。至其他單據。加提貨單。售貨單。及收貨書。信件。民船裝貨簿等件。均須交由海關人員查核。倘有匿不呈驗者。即按照本章程第二條處罰之。

(八)凡航海貿易民船。在已設海關地方進口或出口。應向海關報請進口或結關。並將掛號簿呈由該處海關。按照所報各項登入簿內。如在外國口岸。該船業主或船長。應將掛號簿。交由該地中國領事。或該國海關或地方官署登記。倘不遵辦。得將所載貨物充公。或將該船業主或船長處以關平銀一百五十兩以下之罰金。或除罰金外。併將貨物充公。

(九)凡沿海貿易民船。在未設海關地方進口或出口。應向該處如縣公署。公安局等。地方官署。或商會。商業公所等團體報明。併將掛號簿呈交查驗登記。無庸納費。倘不遵辦。得將該船業主及船長處以關平銀伍十兩以下之罰金。

(十)凡往來外洋貿易之民船。不得駛往沿海未設海關地方貿易。倘有違犯。得處該船業主或船長以關平銀五百兩以下之罰金。或將該船及所載之貨物。連同正在裝卸之貨。一併充公。或除罰金外。併將船貨充公。

(十一)凡民船遇有售賣過戶情事。應呈驗換發國籍證書外。並須呈請海關註册。換發航運憑單。及往來掛號簿。倘不遵章呈報。該船原業主或船長及保人。均不得卸除責任。

(十二)凡具有特殊情形之地方。如兩廣各水道內。向有載重二百担以下之民船。往來行駛貿易者。所有發給該項航運憑單。及掛號簿規則。應另訂之。此項民船。係在當地水道內行駛。如查有駛往他處。經營外洋貿易情事。海關得將船貨一併充公。

(十三)凡漁船不得往來外洋及沿海貿易。倘有違犯。即將船貨充公。
(十四)所有沿海准許航海民船往來貿易各地名。由海關列表印入民船掛號簿內。
(十五)本章程除在沿海各海關在於注目之處。分別張貼外。併印入民船掛號簿內。
(十六)本章程遇必要時。得修正之。
(十七)本章程自公布日起施行。

九龍關佈告

(廿壹年三月)

入口貨物裝頭須註册出產國國名

本港華商總會。日前接到九龍關佈告第二〇一號。內關于入口貨物。須在裝頭上註明該貨出產之國名。要用中國書法註於當眼之處。如察出虛報。則將該貨充公。茲照該佈告譯錄如下。爲佈告事。現奉政府訓令據稱。政府經頒佈告下例條例由一九三三年八月一日起發生効力。
(一)凡入口貨品裝頭上。(即裝載品物之盒罐或紙包等)箱面上。包面均須用中國文字在着眼位置。注明該貨出產國名。(即該貨原始製造之國。)該字跡須有耐久性方合。
(二)凡入口貨物若無此標記注明者。須繳納例稅由海關監視補注。否則該貨物不准入口。
(三)入口貨物遇有下項情由者。可免注明出產國名于貨物之上。
(甲)凡貨物要連同裝頭及包頭一齊發售。而裝頭上或包頭上。經已清楚注明出產國名者。

(乙)凡貨物之性質不合書寫文字。不能附掛招紙。或不能用他種方法以表明之者。

(丙)凡批注在入口貨物之上之標記。若發覺其屬虛僞者該貨由海關將之充公。上列乃各國國名之漢譯批注明須加一製字於國名之下。所書國名照下列所譯者爲合。

阿爾巴尼亞……Albania
阿爾及耳……Algeria
亞拉伯……Arabia
阿根廷……Argentine
澳洲……Australia
奧國……Austria
比國……Belgium
巴西……Brazil
英屬印度……British India
英屬北婆羅……British North Borneo
洲坎拿大及紐芬蘭 Canada And Newfoundland
錫蘭……Ceylon
智利……Chile
古巴……Cuba
捷克拉斯夫……Czechosiovakia
但擇……Danzig
丹國……Denmark

▲埃及英屬及埃及蘇丹▼
Egypt And Anglo-Egyptan sudau

荷蘭……Finland
台灣……Formosa
法國……France
安南……Freneh Indo-China
德國……Germany
乏布羅陀……Gibraltar
英國……Great Britain
希臘……Greece
香港……Hong Kong
匈牙利……Hungary
義國……Italy
日本……Japan
朝鮮……Korea
魯生堡……Luxen bury
澳門……Macao
墨國……Mexico
摩洛哥……Morocco
和國……Netherlands
和國東印度……Netherlands India
紐絲綸……Newzealand
波斯……Norway
菲律濱羣島……Philiipine Islands
波蘭……Poland
葡國……Porntgal
俄國……Russia
暹羅……Siam

▲南菲洲聯邦及羅得斯亞▼
South Afrioa Union And Rhodesia

日國……Spain

▲新嘉坡等處▼
Straits Settlment Anb F. M. S.

瑞典……Sweden
瑞士……Switzerland
的黎坡里……Tripoli
突尼斯……Tunis
土耳其……Turkey
美國……U. S. of America
烏拉乖……Eruguay
豆哥斯拉夫……Yugoslavia

民國二十年海關入口新稅則

新稅共分十六類。茲將最高及最低之稅率摘錄如下。

（一）棉品及製品類

衣服花邊　棉繡貨　其他裝飾用品　及全部用上列製成之貨品　與未列各衣服　及表着零件

從價爲百分之二五　（最高）

破布徵百分之五　（最低）

（二）亞麻　苧麻　火麻　及製品類　攙雜棉花者在內（最高）花邊衣　錦繡貨　其他裝飾用品及全部用上列各物製成之貨品　未列各衣着表着零件

百份之三十（最高）亞麻　苧麻　火麻　亂麻頭　徵百份之五（最低）

（三）毛及其製品類

攙雜他種纖維者在內但攙雜絲者不在內　地毯及其他衣類　徵百分之四十（最高）　廢棉

羊毛　駱駝毛　攙雜他種纖維者在內　但攙絲者不在內　徵百分之七分五

（四）絲及其製品類

攙雜他種纖維者地內　未列各衣服及表着零件徵百分之十五（最高）羅底徵百分之十五

（最低）

（五）五金屬及製品類
礦砂機器車輛在內　鎗械及子彈　防身或獵用　其他有殼盒飾　有珠寶或全部或大部份係金銀製　徵百分之四十（最高）　飛機及配件　各種救火機器　機車　煤水車　鐵路或電車路用之客車　及未列各材料徵百分之五
（六）食品飲料茶葯類
啤酒　黑苦酒　蘋菓汁酒　黎汁酒　他種菓酒　及拔蘭地　畏士忌　杜松燒酒　糖酒等之桶製者　與未列酒暨飲料　均徵百分之五十（最高）飲料徵百分之七分五
（七）煙草類
其從價均爲百分之五十
（八）化學產品及染料類
未列名安尼林棟料　及其他煤膠染料　人造染料徵百分之二十五（最高）過養化盂徵百分之五（最低）
（九）燭皂油臘蜡膠染香類
香皂及化裝香皂徵百分之叁拾（最高）　口脂及其他徵百分之十
（十）書籍地圖紙及木造紙質類
畫圖紙　文件紙　鈔票紙　債劵紙　羊皮紙　百加明紙　格列名各紙　貨及生紙製成之

品　徵百分之十五(最高)　已裝釘或未裝釘印本或抄本書籍　電版密碼書　教畫　教寫圖書部　及習字部　教孩童樂譜　海圖　地圖均免稅

(十一)熟獸畜用品及其製品類

未列名全部或大部份皮貨製品　南洋嫩鹿茸象牙製品　徵百分之四十(最高)　動物肥田料免稅

(十二)材木竹草及其製品類

冠帽徵百分之三(最高)　鐵器枕木　軟木　塞木　徵百分之五

(十三)煤燃料瀝青柏油類

煤磚徵百分之十(最高)　瀝青焦炭徵百分之七分五(最低)

(十四)磁器　搪磁　玻璃類

磁器徵百分之十四(最高)

未列名搪磁鐵器百分之十(最低)

(十五)石料　泥土及其製品類

瓦　及磁磚　未列各石料泥土　及其製品　徵百分之一二五(最高)　大石圓石子在內徵百分之一分四(最低)

(十六)雜貨類

珠 鑽石 或一切寶石鑲嵌 又凡火柴合長過二英寸半、高過四分之三英寸 又眞假珍珠 均徵百分之四十(最高) 未列各肥料徵百分之七分五(最低)

中華民國規定統稅價目

國府以裁厘後收入驟短 因之特設統稅以籍補缺 玆將各節列左

(一)棉紗(參照開關之分級估價及計算)

二十三枝以內者 每百斤收統稅二點五海關金單位

(二)本色棉紗

超過二十三枝者 每百斤收統稅三點二五海關金單位

(三)其他各類棉紗(照海關估價)收統稅百分之二二五

(四)火柴

(甲)長度不及四十二公釐而每盒枝數不過柴十五枝 每一大箱 收統稅國幣五元

(乙)長度在五十二公釐以上 每盒超過一百枝 每箱以七仟弍佰盒計 徵稅國幣十五元

(五)水坭

桶三百八十磅徵稅六角

(注意)凡已納稅之棉紗 及其直接織成品 火柴 水泥等 運銷各省時 概不重征其他稅捐

以上貨品 運銷國外 得免征統稅

來往省港貨脚價目板單

啓者我省港輪船公司曾於民國十七年十一月會同訂實來往貨脚價目刋發板單歷經辦理有年嗣因各輪競爭減收貨脚實屬萬不得已之舉近來百物騰貴使用浩繁省毫銀水又復低拆無形中虧累不少現經各輪船公司議决由本年三月一日起恢復民國十七年十一月所刋板單幷因裝頭變更須畧修改再行印發交船上辦房照式一律收足不得加多回頭減收水脚幷議定由港付省貨脚收省毫由省付港貨脚收港銀各宜遵守是爲至要

出口

竹仔　每包弍毫大包另議
竹絲　每包二毫五仙
竹簽　每件一毫八仙
花地蓆　大二毫　小一毫五仙
顧繡　每箱二元
土綢　每箱二元
土布　每箱一元
竹簾　每札三毫六仙
香竹　每札二毫
神香　每箱六毫
神香金山庄每箱四毫

大箱炮竹每箱五毫五仙　中箱按每担三毫六仙
土料鈪大箱五毫五仙　中箱四毫
磁器　每箱三毫六仙
磁器　每桶六毫　每藍四毫
烟絲　每箱二毫
烟葉　每包四毫
烟骨　每包三毫六仙
蒜頭(孖庄)每包二毫
蒜頭(單庄)每笠一毫四仙
蒜頭魚羅裝每件二毫
鹹蒜頭一千六百一十六埕每四十八元
牛角　每包八毫

牛皮　每担三毫六仙
生牛　每只三元六毫　回頭一毫
藥材　每百斤四毫二仙
藥酒　每箱二毫
土茯苓　每包四毫
礬石　每桶二毫
藥茶　大箱四毫　中箱二毫六仙
茶葉　每包二毫六仙
六安茶　每笠二毫六仙
花茶　(十磅庄)每箱八仙
花茶(二十斤庄)每箱一毫四仙
紙料大箱五毫五仙　中箱四毫
長江紙　玉扣紙每把一毫五仙

衣紙　每笠二毫五仙
紙遮　每箱一元
草繩　每綑二毫六仙
金山庄生貨醬料各色酒每件二毫
大蕉　每箱八毫
腐竹　每百斤四毫
熟羗　每籮二毫六仙
鷄鴨蛋　每籮二毫六仙　每桶五毫
欖豉　每桶五毫五仙
馬蹄　每桶七毫二仙
生油　每桶八毫
生油(六十斤庄)每箱二毫
生油豆油每罐一毫二仙
荳子　每担二毫
雜貨　大箱五毫五仙　中箱四毫
茶籮壺　每笠一元
枕頭　每箱五毫五仙

進口

海味　每担三毫五仙
生粉　每包三毫五仙
咸魚　每担二毫五仙　回頭每籮二仙
蝦糠　每担三毫
桂花粉　每包一毫二仙

鞋六十庄每箱四毫　每笠四毫
木器大箱五毫五仙　中每四毫　加大另議
銅器　每箱五毫五仙
雀毛　大箱一元二毫　細箱八毫
猪鬃毛　每箱四毫
頭髮　每包八毫
頭髮　每箱六毫
炭　每包二毫六仙　每笠二毫六仙
葵扇　(三百庄)每箱二毫
葵扇　(五百庄)每箱三毫六仙
葵扇　一千庄每箱七毫二仙
銀包一千元至一千四百元每包一元四毫
銀包一千四百元至三千元每包三元一毫
杉板大每條二毫六仙　細條二毫
舊蓆包(二百庄)每包六毫
通心粉　每包六仙
麵粉　每百包七元　(八折)
花紗　每包八毫伍仙　回頭三仙
疋頭　每件二元二毫　回頭二毫
帆布　每件一元二毫

青缸　每個二毫
水粉　每大箱五毫小箱一毫四仙
土靛　每桶二毫六仙
雪　每箱八毫
吉箱　一毫四仙
銻鑛等　每担二毫
竹器　每箱七毫二仙　每笠五毫五仙
竹籮　每札五毫
竹椅　每張四仙
舊火水箱　每套八仙
舊火水箱板每札二毫二仙
木箱板　每札四毫
大鐵桶　每個六毫
大箱金木　每箱二元八毫　每札四毫
吉棺木　每副一元
未做棺木　每件八毫
呂宋烟　每箱一元五毫
烟仔　每箱一元四毫
烟葉　每包四毫
條絲烟　每件四毫
藥材　每担四毫
大鐵板　每件過七百磅每担五毫　五仙

鐵 每担二毫六仙
回頭一仙
白鐵 每箱二毫 回頭一仙
鐵釘 每桶二毫六仙 回頭一仙
洋鋼 每桶每箱二毫回頭一仙
黑鉛 每大條二毫六仙細條二毫
回頭一仙
銀磚 每條一元五毫
玉石 每件二元二毫
花階磚 每箱二毫
玻璃 大箱八毫中箱五毫回頭一仙
頂大箱另議
寶砂 每担二毫
金石 每箱四毫
料碎 每担二毫六仙
洋什貨 中大每箱一元二毫
加大另議
膠鞋 每箱一元
阿摩尼亞粉 每担四毫
洋煤 每噸二元六毫
局炭每噸四元
火柴 每箱八毫 每箱回頭三仙
每罐一毫四仙
火柴枝 每包五毫五仙

回頭九五折
火柴片 每箱八毫每包五毫五仙
回頭九五折
硝磺 每担三毫
朴硝 每担二毫八仙
洋紙 每件一元
土機器紙 每札一毫四仙
條梘孖梘 每箱一毫四仙
洋燭 每箱一毫
香水 每桶一元二毫
染料 每箱六毫
川蜡 每件一元五毫
魚油蜡 每件三毫
時鐘 每箱六毫
偈油 孖庄四毫 鐵桶一元二毫
每罐二每
色油 (三十磅庄)每罐一毫四仙
鐵床 每箱四元二毫
米及米碌 每包三毫
回頭每包二仙
牛奶 每箱二毫
汽水 每箱四毫
吉橺 每箱二毫六仙
生果 每桶五毫五仙

生果 每中件二毫六仙
每小件二毫
雪梨 每籮六毫
洋糖果餅乾 每箱四毫八仙
每罐二毫
伙食 每大件五毫二仙
小件二毫六仙
啤酒 每箱四毫八仙
洋酒 (三打庄)每箱五毫五仙
洋酒 (二打庄)每箱四毫
洋酒 (一打庄)每箱二毫六仙
白糖蔴包 每百包廿四元寸草包每百
包一十四元
糖 每小箱一毫四仙
茶葉 大斗箱每箱二毫六仙
花生 (六十庄)每包二毫 大包每担
三毫六仙
花生肉 每担二毫
芝蔴 每担三毫五仙
竹荳花眉各色 每担二毫六仙
燕窩 每大件一元四毫
中件七毫五仙
沙籐 每担二毫六仙
香粉 每笠二毫

檀香 每担二毫六仙
荚莨 每担二毫六仙
牛骨甲 每担二毫六仙
毛布遮布 每箱一元八毫 回頭二毫
洋針 每箱六毫

舊新聞紙 每包四毫
石糖 每担一毫五仙
桔水 每桶六毫
士敏坭 每桶四毫 每包二毫六仙

梳打 每担二毫 每桶另計
銅 每担三毫
田料 每包二毫八仙
鴨毛 每担六毫

民國廿二年二月吉日

泰山 金山 東安 廣東
龍山 佛山 西安 廣西 輪船仝啓

省港輪水貨脚單

件數	收銀	回頭佣	收實
大籮	壹元捌毫	弍毫	壹元陸毫
中籮	壹元肆毫	壹毫	壹元叁毫
小籮	玖毫	壹毫	捌毫
潭洲籮	柒毫伍仙	肆仙	柒毫壹仙
魚籮	陸毫	肆仙	伍毫陸仙
更籮	肆毫伍仙	弍仙	四毫弍仙
米籮	叁毫	弍仙	弍毫捌仙
穀籮	肆毫	肆仙	叁毫陸仙
大桶	玖毫	壹毫伍仙	柒毫伍仙
中桶	陸毫	伍仙	伍毫伍仙
大箱	柒毫伍仙	壹毫	陸毫伍仙
中箱	伍毫	伍仙	肆毫伍仙
小箱	肆毫	叁仙	叁毫柒仙
孖米籮	陸毫	肆仙	伍毫陸仙
小平籮	玖毫	壹毫	捌毫

件數	收銀	回頭佣	收實
大更籮	肆毫伍仙	伍仙	肆毫
孖箱仔	捌毫	壹毫	柒毫
大公院	肆毫伍仙	無	肆毫伍仙
小公院	叁毫	無	叁毫
金山橙	單頭 弍毫陸仙	無	弍毫陸仙
	雙頭 伍毫弍仙	無	伍毫弍仙
金山萍果	單頭 弍毫陸仙	無	弍毫陸仙
	雙頭 伍毫弍仙	無	伍毫弍仙
	四頭 壹元零肆	無	壹元零肆
雪梨	陸毫	無	陸毫
椰子	陸毫	無	陸毫
荚仔 洋葱	每担 弍毫	無	弍毫
提子	每桶 弍毫陸仙	無	弍毫陸仙
呂宋杧	每件 伍毫	無	伍毫
馬蹄	每桶 柒毫弍仙	伍仙	陸毫柒仙

各種牌照價目表

牌照性質	期限	牌費	由何處發給
拍賣舘	每年	六百元	中央警署
拍賣舘	一星期	二十五元	中央警署
公衆卓球塲等	每年	一百元	中央警署
錢銀找換店　香港九龍	每年	一百元	中央警署
錢銀找換店　新界		二十五元	
華人仵工	每年	二十五元	清淨局
有檯位小販	每年	二十四元	中央警署
挑擔小販(不能賣烟)	每年	四元	中央警署
火輪船賣物小販	每年	二十四元	中央警署
帆船賣物小販	每年	四元	中央警署
販賣新聞紙	每年	一元	中央警署
爆竹廠	每年	二百五十元	中央警署
自衛手鎗	每年	十元	中央警署
獵鎗	每年	二十五元	中央警署
華人酒店	每年	一千二百元	華民政務司署
客寓	每年	二百元	華民政務司署
新客棧	每年	三十元	華民政務司署
估俚館	每年	二元	華民政務司署
僑工外寓	每年	二元	華民政務司署
行船館	每年	十元	華民政務司署

領牌照須知

(一)凡關于以上營業之性質。如不領取牌照。可罰欵式十五元。

(二)凡負擔小販。或帆船賣物小販。均不得在輪船營業。

(三)以上各種牌費。俱以上期繳納。期滿須依時轉換新牌。

當押營業章程

(一)凡開設當押。須先領有牌照。方准營業。

(二)牌照以一年爲期。期滿轉換新牌。

(三)全年費牌。例須上期繳納。倘有不欲全年上期繳納者。可分四季上期繳交。但須有相當之保家保証。并該保家須得華民政務司之同意。方爲有效

(四)所發牌照。祗限於典押生意。不得兼營別種事業。

(五)倘遇有失竊或搶劫案件發生。警司有手諭着警察到店查驗時。須將所當物件及數部交出察看。

(六)利息表率。

一元以內者。第一個月一分算。下月每月三厘算。

一元以外七元以內者。第一個月八厘算。下月每月三厘算。

七元以外一十四元以內者。第一個月五厘算。下月每月三厘算。

一十四元以外四十二元以內者。第一個月三厘算。下月每月二厘算。

四十二元以外一百四十元以內者。第一個月二厘算。下月每月均二厘算。

一百四十元以外者。第一個月二厘。下月每月一厘半算。

如當棉胎。鞋。皮槓。銅。鐵。鉛。錫。金銀質鏢。玉石。及各種寶石等。息價另有不同。

第一個月息項。先由當價除出。

華民政務司所發給之息價表。須懸掛於舖內當眼地方。違者可罰欵伍拾員。並將牌照取銷。

（七）取贖期限。香港及九龍以捌個月爲期。新界則以拾貳個月爲期。

（八）凡所當物件。未到取贖時期。有接到當物人通告遺失當票者。則該物不可使別人取贖。并須將貨扣存。以便查究。

（九）如有人到稱遺失當票。而查得所當之物。尚未贖去。或未出當。例須將部底存據抄出。交失主查究。如七天內。物主得有裁判道批詞在抄件之上。有權取回當票。用銀或不用銀取贖。

（十）如押物期滿不贖。當舖有權將所押之貨物發賣。如押物人到期能將息項清繳。則可再續期限。

（十一）凡見有到當舖當物而形跡可疑者。當舖人員有權將其扣留。并可交警察帶往裁判署詢問。

（十二）所當之物。如期內被人偷取虧空。或私行轉售。或毀壞有傷價値者。裁判道將損失之價値判定。當舖須照判定之價除還本息外。照數賠償。

（十三）不得當有政府及公衆機關之物件。

（十四）每日下午八點鐘至晨早陸點鐘內。不得營業。

（十五）十歲以下之小童。不許當物。

當押營業牌照費（一千九百三十一年八月重訂）

（甲）在城多利城內。以擺桿埔水坑之西爲限。即包括上中下環。及九龍新九龍在火車路之西爲界。即包括尖沙咀油蔴地旺角深水埗等區。每年牌費貳仟伍百元。

（乙）在城多利城及地點在擺桿埔水坑之東至陸軍局即亞公岩之東爲界。即包括銅鑼灣筲箕灣香港仔鴨脷洲。及九龍新九龍在火車路之東爲界包括九龍城啓德填海地等區。每年牌費弍仟元。

（丙）未列入（甲）（乙）（丙）種區城如紅磡等區每年牌費壹仟元。

（丁）新界各區。每年牌費伍百員。

一千八百八拾八年書籍註冊則例

(一)例文(書字)係指每卷。或每套。或小本書籍。以及音樂曲譜。地圖。海線圖。分別編印者。無論何國文字。均認爲書籍。但價錢單。貨品目錄及樣本。年結佈告。商業佈告。商務廣告等。不在內。

(二)凡書籍出版後一月內。須將該書籍三本呈交華民政務司。一爲寄呈英國理藩院。一存於華民政務司署。一存於公衆閱書樓。

(三)凡承印書籍人。須向華民政務司署取下列格式塡寫三套。呈請華民政務司註冊。其稟式如下。

具稟承印書籍人　　今遵一八八八年第二條
則例呈上抄向下開之書三本懇請閱驗註冊

(一)書名　繙譯書名
(二)此書係何國文字
(三)作書者姓名或繙譯書者姓名或批評者姓名
(四)此書所論何事
(五)該書在何處刋印在何處發售
(六)刋印者姓名或舖名
(七)何時刋出
(八)張數多少篇數多少板數多小
(九)此書之大幾何
(十)此次係第幾次發印
(十一)此次發印若干本
(十二)此書係聚珍抑係點石
(十三)此書定價幾何
(十四)所操該書之利權之股份人各名姓並其住址

(四)此書既註冊後。政府於每季尾有告白在憲報登載。

(五)凡承印書籍人。或出版人。有不遵此規辦理者。可罰欵二十五元。

報館

凡設報館。註冊時須繳交保證金三千元(由經歷司保管。)每年給回利息四厘算。

報紙月刋雜誌等註冊

凡報紙月刋雜誌等。定期在三個月內出版一次。或多次者。由一九三三年起例須註冊。并繳按金三千元。

印刷品規則

(一)凡印刷新聞紙及租賃書籍。須註明印務局之名字及住址。并須留存一份。以備於六個月內。如裁判道有到查究時。得以檢出察驗。

(二)凡購置印字機。爲印刷新聞紙。及書籍紙章等。須稟準經歷司方得營業。違者可罰欵壹千元。或監禁六個月。

(三)印字坭鋼筆板。印刷器具。均須註冊。

拍賣館代客拍賣物業貨物傢私佣銀價目(拍賣館俗稱夜冷館)

(一)凡代拍賣查封之舖業貨物傢私等。價值每百元收佣銀五元算。

(二)凡私人有將物業或貨物等。托代拍賣無底價者。價值每百元收佣十元。有底價者另議。

(三)凡在報章刊登拍賣廣告。及搬運貨物等費。俱由貨主或業主自理。

取締廣告條例(一九三二年修改)

(一)凡安設無論何種廣告。或標貼街招。若在政府物業。須得警察司人情。若在私家地方。須得業主允許。方可安設。

(二)(甲)凡在屋宇上或屋宇附近。無論樹立何種廣告建築物。或空中廣告牌等。須得議例局批准。始得安設。幷須遵守牌照規條辦理。

(乙)牌費之多寡。俱由議例局規定。

(丙)凡遇下列等情。牌照作爲無效。

(一)因將空中廣告牌加大而非經測師設計者。

(二)因將廣告牌更改者。

(三)因意外廢爛。或火警颶風而傾塌者。

(四)因屋宇修改。致令移動者。

(五)因屋宇不能住人。或拆卸破爛者。

(丁)凡各種招牌及廣告。無論用柱樹立。或用木架安設於屋宇之上。或通衢大道之中。或在水面但能看見者。皆稱爲空中廣告。如氣球。氣球傘。探海燈。及閃光等。皆在空中廣告範圍內。

(戊)凡有違例之廣告。無論何種屋宇。警察司或察察司所委派之人員。有權隨時將違例之廣告取締。

(己)領牌照者。既將廣告牌安設妥後。須於十天內將廣告之圖形攝影。幷備影片三張。呈遞警司察驗。務令其滿意爲止。

(庚)凡遇有公衆慶典日期。港督可將取締廣告則例暫時停止執行。

(三)凡在港海界內之船隻。不得將船帆旗幟槳櫓及船身等繪寫廣告圖畫。

(四)如得政府或海陸軍批准者。不在此例。

(五)各處居民。無論何處屋宇。不得懸掛奇形怪狀之招牌。

(六)關於本港風景名勝。與及有碍地方觀瞻者。不得安設廣告。

(七)凡安設廣告。於風景及觀瞻上有碍者。政府定須令安設廣告者。及業主。於十四天內將廣告取銷。

(八)(甲)凡接到政府示諭。有不依期遵辦。則政府定派員代將廣告物拆去。

(乙)所有拆去之廣告物料。概歸政府所有。

(丙)凡拆卸廣告之損失。政府概不負責。

(九)所有拆卸費用。概由設廣告者或業主負責支給。

(十)政府發給示諭。有直接交到者。有付郵寄遞者。除派到或付郵外。另將此示諭抄錄。標貼於誤地点。(即取締之處)或屋宇觸目之地方。務易週知。則設廣告者不得推諉不知等情。

放債人註册條例

此例專為取締放債人。濫收貴利。及各種苛酷條件。並為保障一般借債人起見。茲將條例分列於左。

(一)凡放債人。須將其本人營業之名稱住址登記。

(二)凡放債人。既註册後。不能轉用別種名稱營業。

(三)凡放債而不註册。或既註册而不用所註册之名稱及住址營業者。可處以一千元之罰欵。如再次違例者。可處以三個月之監禁。及一千元之罰欵。如放債人有串同違犯者。第二次。可處以五千元之罰欵。

(四)註册期限。以一年為期。期滿可展期繼續。續期費每次五十元。

(五)凡放債人或其經理代理或書記。有串同棍騙者。是為違例。可罰欵五千元。或監禁兩年。

(六)凡合約欠單。未有聲名利息者。放債人所收息項。最高八厘週息收取。不得勒索多收。

拘留欠債人辦法

(一)凡錢債案監禁。其期限最多不過一年。欠債五百元以下者。可監禁六個月。欠債一百元以下者。可監禁三個月。

(二)監禁人。每人每日糧食費最多不過二元。債主須於每月一號將全月糧食費上期繳交。

(三)凡監禁人。遇有疾病時。先由政府醫官察驗。轉押往國家醫院診治。

(四)凡監禁人疾病。在醫院調理時期。亦作監禁時期論。糧食亦須由債主照數支給。

(五)凡監禁人。如能將案件了結。或由債主呈求釋放。

或債主不將糧食費供給。則可將監禁者釋放。

（六）凡債主所供給被禁人之糧食費。可加控於得直之數。由欠債人之家產扣還。扣還後。被押者始可釋放。

（七）凡因錢債而被扣留監禁者。可延請狀師或監獄官。將自己之家產清列。呈遞清家稟。懇請釋放。其稟呈辦法列下。

凡屬自己財產。無論屬何種類。或與別人合作者。或委託別人代理者。須註明該產業。是在何處。經臬司收到此種稟呈後。即轉呈法庭。將原文抄錄。送往債主。限期將被押者之財產變賣。以爲抵償。如債主以其所呈之稟。有不滿意者。可於期限內頂訴。稱被押者有意將財產或權利瞞騙藏匿。或將財產轉讓別人等情。凡法庭將被押人所呈遞之清家票查明確實無訛。或債主於期限內無頂訴者。即將被押者釋放。

（八）凡因錢債案而被監禁者。既釋放後。原告人不得再次將其監禁。但仍須將財產變賣。以爲抵償。

一千八百八拾五年規定度量權衡細章

（一）凡欲將度量權衡較定者。可於警察司規定之時間到警署較對。

（二）較對時。須有警司或警署派定之人員在塲監察。較對妥後。須俟警署蓋回印章。方爲有效。

（三）凡將度量權衡等運往警署較對者。其運費俱由該店支給。在岸上運至者。須繳接金一元。船上運至者。須繳接金二元。爲代交運費之用。

（四）度量權衡稽查人員。可隨時入店將度量權衡查驗。

（五）如有將度量權衡毀壞。或更變政府所規定之模樣。或使用。或存有不合度之度量權衡者。可罰欵二百元。

中英丈量比較表

每斤。伸合英一磅四兩

每担。（一百斤）伸合英一百三十三磅四兩

每石。（一百二十斤）伸合英一百六十磅

十六担八。伸合英一噸

每寸。（普通尺）伸合英一寸及一寸之百份四十一

每尺。（十寸）伸合英十四寸及一寸十份之一

每丈。（十尺）伸合英十一尺九寸

每里。伸合英里三份之一

每塘訊。伸合英里三里三三

每畝。伸合英畝六份之一

一百畝（或一頃）伸合英畝十六畝七

小販牌照細章（分四等）

(甲等)負販牌照。

凡領取負販牌照。可向中央警署(俗稱大館)警察司領。其牌費由發牌之日起上期繳交。凡在四月一號以前領者。則收全年牌費四元。如在四月一號或以後者。祇收弍元計至九月底號止。十月一號須轉換新牌。牌費亦須上期繳納。

規則

(一)凡所領牌照。不能轉讓與別人。

(二)領牌者須依例遵守。倘有違犯。警察司有權將牌照取銷。

(三)凡領牌照者。須備四寸相片兩張。一貼於牌照一留警署存案。

(四)負販者可准賣下列等物。
生菜。生果。豆角。粥。湯。或泡製食品等。

(五)凡販賣什物。無論在何號地點。所有遺下攤擺等物。須要搬掃凈盡。不得隨處抛棄。及不得棄於大渠及昂渠或水筒穴內。

(六)禁賣。蜢。蝴蝶。蘭。杜鵑花。吊鐘花。龍船花。山百合。黃藤花。洋蹄甲。香港玉蘭。沙葉花。獨占春魁。草蘭等。俱是禁賣。倘欲發售。須要證明此花木是自種。或由某園而來。非取於野產者方可。

(七)凡下午十点至上午四点期內。非得警察司允許人情。不得在街上販賣。

(八)所領牌照。須懸於當目之處。俾得隨時易於檢驗。

(九)凡販賣貨物。不得久放於路上。阻碍交通。

(十)禁止販賣地點。
般含道。堅道。上亞畢諾道。花園道。軍器廠街。舊卑利街。閣麟街。擺花街。威靈頓街。雲咸街。必打街。堅彌地街。麥當奴道。寶雲路。馬利信道。禮頓山道。山頂。尖沙咀。黃坭涌波塲。以上地點。均不准叫賣。違者處罰。

凡販賣貨物。只准依牌照之種類販賣。別種貨物一概不准。

(乙等)攤位牌照

攤位小販牌照。謂之大牌。亦須向中央警署警察司領取。每年牌費二十四元。十月一號上期繳納。但發牌之日。如在十月一號以後者。牌費每月弍元。照伸繳交。

規則

第一條至第九條。俱照甲等辦理。

(十)凡賣貨物時。不得高聲叫賣。

(十一)擺售攤位尺寸。濶不得過三英尺。長不得過六英尺。

(十二)攤位上不得安設格架。至於掛貨橫木。不得多過兩條。

(十三)凡火水火柴。爆竹等。危險品物。俱不准販賣。

(十四)凡小販擺設攤位。不得多過兩張。并須常備一竹籮爲裝儲攞擸之用。

(十五)凡小販不得將攤位及各物陳列於雨水筒距離十英尺內。及阻碍路邊坑渠。

(十六)凡小販不得索据所陳列攤位地方。如警察司有令遷移。及將牌照取銷。領牌者不得異言。如無犯規而被取銷者。所已納之上期牌費可能領回。

(十七)凡華人夏曆新年初一初二兩天內。領牌者不得擺攤位於公衆地方。

(十八)領牌者。只准照牌照所規定之貨式販賣。

(十九)領牌者。須繳交相片二張。一爲貼在牌照。一爲存警署。牌照聲明領牌者之姓名住址及攤位地點尺寸。該牌須懸掛於當目地位。一張存警察司。

(二十)凡遇警察查驗牌照。須卽將牌照繳出。違者處罰。

(丙等)港內華人艇上小販牌照

此牌照向中央警署領取。每年牌費四元。逢十月一號上期繳納。

規則

(一)所領牌照。不能轉讓別人。

(二)如有違例。警察司隨時將牌照取銷。

(三)領牌者。須繳相片二幅。一留警署存案。一貼牌照之上。

(四)領牌者。只准在華人帆船販賣。凡在輪船或電船上。不得營業。

(五)每日下午八點至上午六點期內。不得營業。如在渡船灣泊處。則只准營業至下午十一時止。

(六)凡領牌者。不准借用別人船艇營業。惟多數小販。可同用一艇。但其人數不能多過該艇載人之定額。

(七)不得在水師停船兵艦處營業。

(八)凡販賣貨物。只准依牌照之種類而販賣。別種貨物。一概不准。

（九）營業所遺之攡搔。不得棄於港內。
（十）凡燒酒烟仔及別等有稅貨物。未另領有牌照者。不准販賣。
（十一）不得販賣海產。
（十二）凡領牌照。只準在本港海內範圍。不得在岸上營業。
（十三）此牌照須隨身佩帶。如遇有警察查牌。須即將牌照呈出檢驗。
（丁等）港內用艇往輪船販賣牌照。此牌照亦向警司領取。每年牌費二十四元。十月一號上期繳交。

販賣報紙牌照

（一）無論中西報紙。須領牌照。方准販賣。
（二）所領牌照。不得轉讓別人。
（三）每年九月一號。由警察司將牌照發給。全年牌費一元。
（四）領牌照者須繳相片二幅。一貼於牌上。一存於警署。

找換錢銀店牌照

（一）牌費每年一百元。上期繳納。（新界）每年牌費弍十五元。
（二）如政府庫或撫華道所通告之示諭。關於本港銀制幣

規則
第一條至十三條同上。
（十四）不准將貨物陳列於輪船之上。阻碍搭客及船員來往。
（十五）不准在輪上大聲呌賣貨物。
（十六）凡領牌照者。原有指定該艇之號數。不能在別艇販賣。倘有違犯。警察司有權將牌照取銷。且無論有犯例與否。警察司亦有權將牌照取銷。
（十七）牌照過期不換。違者處罰。
（十八）不得在水師碼頭灣泊。

（五）警察司發牌時。另給之圓形銅質號碼。須懸於壁上當眼之處。此牌只准販賣報紙。不得兼其他營業。
（六）凡警察欲取牌照檢驗。須將牌照呈出。
（七）凡年齡未足十四歲者。不准領取牌照。

度者。須掛於舖內當目之地點。
（三）所領牌照。須常存於舖內。如遇有警察司或其委員到查。呈出檢驗。

(四)領牌者用中英文寫有找換錢銀之招牌。懸掛(Licenced Money Exchanger)在舖內由警察司指定懸掛之地點。

(五)未得警察司批准。領牌者須居住牌照所指定之屋宇。不得在別處居住。

(六)領牌者欲將舖位搬遷。須得警察司將牌照批准。方可遷移。否則無效。

(七)領牌者須在自己舖內營業。不得阻碍通衢大道。與及屋傍行路等。

(八)倘有違例。警察司有權通知領牌者。一個月後將牌照取銷。

(九)如欲在域多利港內船上營業找換。其牌照必須是自己名字者。警察司或其屬員均可隨時查驗。

(十)未得警察司將牌照批准。領牌者不得擅將牌轉讓別人。

(十一)凡下午八時至上午六時內。未得警察司批准。不得營業。

車轎章程

一九三二年重訂

牌費

(一)自用轎。每年貳元。

(二)自用人力車。每年貳拾元。

(三)娼妓自用人力車。每年七十弍元。

(四)自用汽車。

(甲)重量在一千六百八十磅以內者。每年二十四元。

(乙)重量在一千六百八十磅以上三千三百六十磅以下者。每年三十六元。

(丙)重量在三千三百六十磅以上者。每年七十二元

(五)電單車及三輪車。

(甲)電單車。每年壹拾捌元。

(乙)電單車設有傍座者。每年貳拾肆元。

(六)搬運汽車。

(甲)重量在一千六百八十磅以下者。每年二十四元。

(乙)重量在一千六百八十磅以上。兩噸半或以下及用汽輪者。每年六十元。

(丙)重量在兩噸半以上。四噸半以下及用汽輪者。每年一百二十元。

(丁)重量在一千六百八十磅以上。兩噸半或以下及車輪一半用汽碌者。每年一百八十元。

(戊)重量在兩噸半以上。四噸半以下及車輪一半用汽碌者每年。三百六十元。

(巳)重量在一千六百八十磅以上。兩噸半以下及用

實碌者。二百四十元。

(庚)重量在兩噸半以上。四噸半以下及用實碌者。每年四百八十元。

(七)拖車。每年十六元。

(八)手絞電油泵。每年六十元。

(九)營業汽車。每年五元。及每座位每年另收十元。

(十)人力貨車。每年四十八元。

(十一)牛馬牽運車。每年二十四元。

(十二)公衆轎。每年四元。

(十三)公衆手車。

(甲)香港島內。除山頂及堅道外。每年三十六元。

(乙)九龍新九龍山頂及堅道每年二十四元。

(丙)新界公衆者。每年一十二元。私家用者。每年一元。

(十四)發售汽車遊行牌照。

凡用汽車遊行宣傳者。可向警察司領取牌照。牌費每年一百二十元。但車上須裝有三個字號碼。及有T字在頭之白地紅字牌。以爲辨別。

(十五)遊客車牌照。每月牌費二元。以六個月爲期。

(十六)學駕汽車牌費。每張牌照費二元。每牌以兩個月爲限。到期可轉換新牌。

(十七)考領駕駛汽車牌費。每次考驗費五元。如年歲未及十八歲者。不得領牌。

(十八)車上收銀人牌費。每年壹元。

(十九)車輛司機牌費。

(甲)駕駛汽車者牌費。每年五元。

(乙)手車伕。無論私家或公衆。每年每名三毫。

(丙)轎伕。無論私家或公衆。每年每名三毫。

(丁)人力貨車伕。每年每名三毫。

(戊)牛馬司運車御者。每年每名三毫。

(二十)凡汽車轉讓別人。須繳轉名費五元。

(廿一)公衆營業汽車。每架須繳保證金貳百元。以備違例罰欵。及賠償之用。

(廿二)凡街道禁止汽車來往或停歇。如欲取通過證來往者。可向警察司領取特別執照。每年牌費弍拾元。如在下季領取者。半數繳納。

別國汽車特稅

一九三三年十月頒行

凡別國(非英國者)製造之汽車。而在香港註冊領取牌照行駛者。須抽收特別稅。其辦法以來價加囘運費保險費而除出膠輪後備車輪及零件價値外。然後照此數目。一次過値百抽二十算。如非英國製造之汽車。由別處暫時來港自用。已繳特別牌稅。若不滿三個月內離港者。可稟請警察司將特稅領囘。并須得議局批准方可。

領取電油特別牌照規則

(一)凡海關監督所發給電油入口特別牌照與領有貨倉執照之人。其貨倉須有完善之設備。

(二)此種牌照。必須依照本則例第一表式樣發給。

(三)牌照每張每年壹百元。

(四)凡領此種特別牌照者。祇准在貨倉內儲油。

(五)凡欲領此種特別牌照。須先繳納保證金貳萬元。

(六)領牌照者。必須於每月之首七日內。向海關監督依照規定之詳細手續報告一次。

(七)凡領有此種特別牌照。得免一九三零年電油則例之第九段(一)及(甲)(乙)各條之縛束。

(八)領有此種特別牌照。如欲將由輪船運到之電油轉入貨倉。亦須依照正當手續向海關監督呈報。

(九)凡須納稅之油。由貨倉運出以備運出港外。則領有牌照人。得免一九三〇年電油則例之第二十條文之束縛。

(十)凡領有此種特別牌照者。得免遵一九三〇年例第六第八第九(甲)(乙)及(丙)十一及十六條之規定。

本港無線電規則

一九二九年十月一日頒行

(一)郵務司所發給下列之執照及文憑。

(甲)船上電台執照。(乙)非營業之傳遞電台執照。

(丙)無線電接音執照。(丁)營業無線電用品執照。

(戊)無線電台生文憑。

(二)照此例頒發之文憑或執照。在英國內可通用。

(三)未在本港取得營業執照者。無論何人。不得樹立或租或安置無線電。

(四)如郵務司認某人爲妥當者。有權以豁免任何一人領取牌照。

(五)無論何人。既得此種豁免牌照權利。應依照豁免牌照書例文辦法。

(六)郵務司對于頒發文憑牌照。及豁免牌照書。有獨裁權。

(七)如執照人郵務司認爲不善者。可取消其牌照。不用補恤。

(八)郵務司有權收回任何一文憑。如執文憑者有犯定例等。

(九)領取牌照者。須用政府所定之格式紙填寫。

(十)此例施行之後。如執照有未滿期者。或改短期間者

•則在每年十二月卅一號。便算滿期。

(十一)照上文看來執照或文憑。雖然繼續有效。但可以取銷之。亦可以法律解決之。

(十二)凡執照之人或執有文憑。一經失去。執照或文憑。須即報知管理牌照者。

(十三)如失去執照或文憑。管理牌照者。有權再發一副本。但副本未發出之前。所失之執照或文憑。應即取銷之。待副本出後。則以副本爲有效。

(十四)牌照費如下

(甲)船上電台執照費二十五元。(乙)非營業之傳遞電台執照費一十五元。(丙)無線電接音牌照十元。(丁)販賣無線電器用品執照費五十元。(戊)報轉地址及轉電台者收費一元。(巳)攷察無線電生文憑及資格費五元。(庚)副本執照費一元。(以上各費須上期繳交)。

(十五)出船上電台執照之人。倘與下列各點有關者。須將牌照交往管理牌照者。(甲)若取消牌照。(乙)若執照已過期。(丙)若出註冊之人不是船東。(丁)若船轉賣與別國。(戊)若轉註冊地點。

(十六)無論何船。若有船上電台執照者。若執照滿期時。船適不在港。則俟其返港。方將已滿期之執照抑或副本。呈交管理牌照者。在此期內該執照仍有效。

(十七)出執照之人。或執有牌照之人。必須要遵守牌照管理者。遇要交還牌照時。必須交還。且交還牌照之法。亦不只限于是否滿期者。

無線電收音執照

香港郵政道　　　　爲

發給無線電收音執照事茲按照一千九百二十六年無線電報則例准　　　街第　　　號　　　樓由本日起至一千九百　　　年十二月三十一日止在　　　街第　　　號　　　樓設立及保留無線電收音機一套并得使用之以接收無線電播音惟須遵照本執照下列所刊章程辦理如該機係可手携者除遵照下列章程外并須遵守下開規定又領照者不得藉此執照有所作爲以防害所播事件之版權切切此照

計　開

凡可手携之收音機如携離上開地址應用則領照者須帶同執照遇有郵政局所委人員索取則須交出查驗

(注意)

(一)如執照期滿領照者仍欲繼續保留其無線電站及無線電機則須轉換新照不得遲過滿期之日無線電報則例規定凡安設無線電站及無線電機如無當時適用之執照則可

科以重罰

(二)凡無線電站如欲遷移須先向郵政道領取執照并照章繳費

(三)郵政道隨時得繕函照執照所開地址通知領照人或在憲報刊登通告又或酌量另用其他方法通知將執照取消凡有違犯本執照所開各章程均可令執照有取銷之虞

一千九百三十　年　月　日

無線電收音章程

(一)該機祇得接收無線電音不得移作別用

(二)開用該機不得有防碍別站之工作尤其是背後聯機不得開用至振奮鄰近天線之程度

(注意)凡聞本機有長而不斷之音或唬唬之聲卽是別站有被防碍之處如將本機之聲浪長度更改而其音或唬唬之聲隨即改變則是防碍本機而致則將反抗力減低至不斷之音或唬唬之聲經止為限若其音或唬唬之聲不變則其防碍由於外處

(三)如用屋外天線則其高度及長度合計不得多過一百英尺若天線在電力線(連電燈線電車線在內)之上橫過或有跌落及被風吹落其上之虞則須將天線妥為防護務得該電力線所有人之合理滿意方可又各天線須配以入地之開閉機凡不用天線時均須將其入地

(四)凡地線於可能地方均須駁於片一塊或管一條埋於屋外地下如地方不適合時則須將地線釬於水喉上惟煤氣喉則切不可用以釬駁地線

(五)凡領照人該機所接之消息除係報時候或音樂或發出與公衆接收之音訊或特准之試驗發音站發出專為試驗之音訊外其餘均不得洩漏或任人洩漏亦不得利用之於任何途徑但對政府特委人員或有權受理法庭述及者不在此限又凡無線電報除領照人例准接收者外其餘均不得截收如偶然收得亦不得抄錄或轉知別人或利用之於任何企圖

(六)其有人持有郵政道署名之為普通用或專用之憑証則該機須隨時任由其察視如要索閱執照亦須交出任其查閱

保險須知

天下之事。勢不能有安而無危。惟有安居思危之心。乃有轉危為安之術。海禁既開。商務日盛。所在都會。人民繁庶。舖戶雲集。貨物山積。利之所在。害恐乘之。雖有萬全之方。究乏萬全之策。泰西計學家。乃設為保險之一法。合大衆之力。保一家之險。所收者微。所全者大。保險辦法。分列數種。(一)火險(二)水險。(三)人壽保險。(四)平安意外保險。

火險

凡向保險公司投保屋宇。須照建築費購足。不可多購。亦不可購少。否則有意外發生時。則購少者祇照購價成數補置。多購者則祇照建築費賠償。譬如建築費需一千元而祇購八百元者。倘有意外發生。則保險公司祇照八百元賠償。如購一千五百元之保險者。則祇照一千元賠償。

凡既買火險之舖屋。倘遇火警。須即墨函向該保險公司投報。則該公司即派員到塲調查損失。定奪賠償。如所賠補之欵。投保人有不滿意者。可請公證人核定之。

華人屋宇舖戶保險價目

舖屋

舖屋。每一千元保險。每年保費一十二元九毫。

貨倉無人在內開爨者。

每千元。每年保費一十二元五毫

華人屋宇內裝修傢私衣箱。

每千元。每年保費三十元。

洋樓內裝修傢私衣箱。

每千元。每年保費七元五毫。

洋樓每千元。保險。每年保費九元浮銀

貨物每千元保險。每年保費一十七元五毫。

升降機火險。

每千元。每年保費一十二元五毫。

升降機意外保險。

保險每年每架。保費實銀。四十元

近日保險公司林立。彼此競爭。保險之費。因此相率低減。于投保者未嘗無益。但須採擇資本雄厚。及賠償快捷者。方為妥穩也

水險即洋面保險

洋面與陸上情形不同。其保費因之價高。但洋面保險。分為數種。俱以水程而定。保費未有劃一。凡欲投保。可向保險公司接洽。

人壽保險（保費各公司另均有訂定）

投保須知

（一）投保人必須由保險公司指定之西醫生將身體察驗。方合公司投保規則。

（二）凡既買保險者。如遇有疾病。用中醫中藥。或西醫西藥。均由自便。無加限制。

（三）凡在鄉間或外埠棄世者。該公司接到報告後。應派人到該處調查屬實。或有兩位殷實可靠担保證明投保確是去世。公司即照賠償。決無延緩。

（四）凡既買人壽保險者。死後可保其不用剖驗。

（五）凡保期已滿。而人尚康健無恙。公司或給以鉅欵保險之。毋庸再付保費。或付清原保之數。另行算給利息。

意外保險

世界上屬于人生保險事業。除人壽保險外。當以意外保險爲最重要。投保人壽乃長期保。凡富厚者經濟充裕。以逐年連續分供。保費無妨中止。供至期滿。或不幸棄世期。有一筆鉅欵。遺給後人。此乃一種後顧之計。用意良善。獨思中國職業工作中人。每日工值無多。盈餘有限。對于人壽保險。多因貧力短絀。欲保無由。加以時期久遠。一旦失業。無力續供。勢必停止。意外保險。可以使工作中。人易于投保。藉均公益。况意外保險。係屬短期。保費輕廉。賠償速捷。更爲社會共表熱烈之歡迎。

意外保險各種範圍開列

(一)屬於大小輪船電船拖帶舺渡範圍發生意外
(二)屬於火車電車汽車各式車輛範圍發生意外
(三)屬於機器電器烈品化學製作範圍發生意外
(四)屬於工廠工場各等工作地方範圍發生意外
(五)屬於居處地方範圍內發生意外
(六)屬於升降機器範圍內發生意外
(七)屬於游藝場範圍内發生意外
(八)屬於跑馬場範圍內發生意外
(九)屬於賽會場範圍內發生意外
(十)屬於運動場範圍內發生意外

以上開列十種內。所發生意外損傷者。乃意外保險受保範圍。倘投保人之行爲。係在保險公會條欵有認爲屬於故意冒險性。或生端打架。借端鬧事者。不在受保之列

保險期限。 凡投保意外保險。由發給保險憑票之日起計。以一年爲期。如期滿欲續保。從新起計。

受保本額。 凡投保者。每名保本至少一千元。加保另議。

投保年齡。 男女界均可投保。男由十五至五十歲。女界由二十歲至五十歲爲限。

受保區域。 凡遇意外危險發生。係以在中國所屬海陸地方。及洋租界。或外埠。總有意外保險公司設立。或代理之地方爲限。

保費定價。保額每嘗仟元每收拾貳元。餘類推。

香港政府規定經營保險公司保證金章程

(一)凡經營火險之公司須繳交保證金十萬元。如兼營水險者。則須另繳十萬元。合共二十萬元。均一次交足。

(二)凡經營人壽保險之公司。須繳保證金二十萬元。但可分期繳交(其辦法)開辦時先繳保證金五萬元。以後逐年將本公司所收入之保費。先扣除弍成五爲公司費用。再將餘欵扣除賠償及生意虧損外。其餘悉數撥交 政府。爲湊足保證金之數。須交足至二十萬元之數爲止。

政府收取保証金辦法

（一）保證金之半數。可將物業作抵。
（二）其物業須呈遞公司註冊及經歷司選擇。
（三）其餘保證金以證劵作抵。須照市價而定。
（四）以物業爲保證者。須立正當之按契。
（五）以股份債劵作保證金者。須轉政府經歷司名字。
（六）如保證價值低減。經歷司即行通告公司。照所低價值補足。
（七）凡以物業作保證。其物業須向別間之保險公司購買保險。
（八）保證價值。每百元費用一毫算。

一九三三年修正工廠則例

此例關於僱用婦孺及年少男女工事項。規定工廠與工作店之範圍。及童工之年歲。原日十五歲。今改爲十六歲。工廠之構造。門戶之多寡。衞生之需要。及每年須依法登記等事項。凡未登記之工廠或工作店。均在禁止之列。凡僱用不合法定之婦女及男女童工。則工廠工作店之東主。是違律例。

茲將其規則列左

（一）例文危險事業。係指水鑊刮鑊。製造爆竹。製造玻璃。製鉛。及銀硃等工作。
（二）不得僱用十六歲以下之小童。操作危險事業。
（三）凡未得護工委員。(Protector of Labour) 人情。不得僱用少年男女操作危險事業。（少年指十六歲以上十八歲以下者）。
（四）不得僱用十二歲以下之小童爲工業上工作。如工廠工作店。開五金礦。或石礦。船廠。發電廠等。建築。修改。拆卸屋宇。火車。電車。及地脚工作。及搬運貨物等。（農工不在此例）。
（五）凡工廠之東主或司理人。須備中西文日記部一本。逐日將所僱用之童工。詳細登記。

登記手續

（一）工業之名稱。
（二）住址。
（三）工人姓名。
（四）工廠司理人姓名
（五）童工之姓名。
（六）男工或女工。
（七）童工之出世日期。如未知確實。年歲亦須登記清楚。
（八）童工之住址。
（九）童工之父母或管理人。

(十)當何工業。

(十一)每日工作之時間。

(十二)登記須詳晰。

(六)在二十四小時內小童工作時間。不得超過九小時。

(七)凡小童工作時間。不得連續多至拾五小時。

(八)凡工作歷五小時。至少須有一小時之休息。

(九)凡童工工作七天內。須休息一天。

(十)每日在下午七點鐘至晨早七點鐘內。不得使小童工作。

(十一)每日在下午九點鐘至晨七點鐘之時間內。不得僱用婦人或十六歲以上十八歲以下之少年。在廠工作。

(十二)不得使小童負擔物件。與其年齡不稱。或有碍其身體發育者。及其所負之重量。不得過四十斤。

工廠與工作店規則

(一)下文關於工廠及工作店之規則。護工委員。(Protector of Labour) 有權括免。

(二)護工委員。對於工廠及工作店之條例。有權執行或括免。

(三)凡在工廠工作店內受傷致命。或損傷肢體。致三天不能工作者。則其廠主須於七天內將情形向護工委員或警署。照下列格式呈報。

(四)凡工人受傷肢體。經已呈報後。如有因傷斃命者。亦須即行向委員或警署呈報

(五)(甲)凡經過樓面之皮帶。須距離地面有六尺半。并須加以遮蓋。

(乙)總車碌之皮帶及副皮帶。須離地面六尺半。或工人可能攀援者。并須有主固之遮蓋。

(丙)在上車碌之皮帶。四寸闊以外者。其向下方面須用木或鐵殼遮蓋。

(六)機器之轉動事件。若貼近行人路旁者。須加以穩固之遮蓋。

(七)(甲)凡危險機件。及牙盤。須遮蓋穩固。或有主固之安置及建造。以防工作人員之意外。

(乙)牙盤字樣。係指車心。大輪。律螺。及各種機件。其運動力能傳遞別機者。

(八)飛輪。各律螺。及露天輪盤。須要遮蓋穩固。所有螺絲頭須陷入。不得突出。

(九)車心離地面六尺半以內。或工人可以探到者。須有主固之遮蓋。

(十)例文穩固遮蓋等名稱。係指委員檢驗。認爲滿意者。

(十一)機件。保險殼。須常察驗妥當。如非修理。落油。或察驗時。不得開揭。

(十二)凡工廠工作店。有工人在內膳宿者。其廠門欄關鎖。須向外掩出。

(十三)凡工廠工作店之寄宿房。人數在十名以外者。除擋門外。所有門欄須向外掩出。倘不依辦。即須更改。其費用由廠主支給。

(十四)工廠及工作店註册格式。

工廠或工作店註册入稟格式

Factory & Workshop Ordinance 1932

I hereby give notice that I propose to commence (or continue) occupation of a factory (or a workshop on the premises known as..................Street & request that the said promises may be duly registered for such purpose.

Name of the Firm under which the business is to be carried on....................

商店名稱

Name of Manager..

司理人姓名

Nature of the work to be done.............. ....

何種工業

Nature of moving power (steam, electricty, etc)..........................

機器種類汽機或電力機

Approximate number of persons to be employed..........................

工人大約多少

Whether women or girls are to be employed................................

是否僱用婦人或女童

Whether children under the age of 15 years are to be employed...... ....

是否僱用十五歲以下之小童

Siquature of Applicant

入稟人簽押

此稟須於開始營業十四天內呈投華民政務司署工業帮辦

工廠或工作店投報意外格式

Name of factory or workshop..

工廠或工作店名

Address of factory or workshop ....

工廠或工作店地址

Kind of work done in factory or workshop..

工廠或工作店內之工作

Name of Proprietors...

東主之姓名

Date of Accident...

受傷之日子

Name of Person injured ....

傷者之姓名

Nature of injury ....

受傷情形

Short description of accident..

意外之簡述

Date of Report...

投報日子

Siquature of person making the report...

投報者姓名簽押

銀行來往存欵規則

(一)來往存欵。或稱活期存欵。其欵項存入及取出期限。均任由存戶之便。

(二)來往存欵。必須有殷實人介紹。幷須簽字蓋章存底爲據。方能開設戶口。初次存入欵項。不得少過一定之數目。

(三)來往存欵。除有抵押品及預先訂定外。無論數目多少。不得透支。

(四)銀行每月有月結清單一紙。將存戶月內之進支數目抄錄呈覽。如接到此月結清單。若核對無訛。可即將下截回單簽字蓋章。交還銀行存據。如該月結數目或有不符。可即通知銀行。以便再行查核明白。若收到該月結清單之後。拾天內仍不簽字蓋章交還。則作默認。該月結數目。是爲妥當。

(五)來往存款。計週息口厘。每年分兩次計息。以六月底及十二月底爲期。但存款之零數。未足百元者。概不計息。

(六)存戶交存款項。必須將其存款數目。塡寫入銀部內。連銀一齊交到收銀入數人。及至收回入銀部時。又須注意入銀部要有銀行司庫員簽字。蓋銀行章。方得作實。如有因不遵守此條規。而受損失者。則銀行概不負責。

(七)銀行特備入銀部及支票部。以便存戶取用。但領取支票部者。必須親自署名或蓋章。與其在銀行所存之底相符方可。

(八)銀行代存戶所收之銀票或滙單等件。如有遲悞阻碍。及不妥等情。均與銀行無涉。倘有銀票或滙票等件。無論何時被別銀行退回。或入錯數者。則銀行即有權照數在該存戶數目內扣回。或追償。如扣回或追償之數。係屬外幣者。則按照時價計算。

(九)凡有支票或滙票附入。托銀行代收者。須俟銀行收妥後。方能支取款項。

(十)凡存戶欲提取款項。須將銀行所給之支票。照下例四款塡寫清楚(一)受款人之姓名或字號。(二)提款數目。(三)發票年月日。(四)存款者(或預先指定銀行註冊之代理人)簽字蓋章。

(十一)凡支票內所蓋之圖章及簽字。須與登記在銀行之存底相符。

（十二）如支票不記名。祇寫取現銀(Cash)之字。而將來人之字塗花。發票人須在票後加簽。否則不能提取現欵。此種辦法。發票人常有錯悮。當爲留意。

（十三）保付支票(Certified Cheques)

出票人或持票人。將支票請求銀行簽字盖印。其上載明保付等字樣。証明確能兌付。俾支票可以流通者也。

（十四）凡塡寫支票。若有錯漏。可在旁更正。并加盖圖章或簽字。以示証明作實。但銀行對于有更改之支票。仍有權將該票退回。不支款項。

（十五）凡支票銀碼。須寫深數目字。並用整字押尾。以防更改添註等弊。

（十六）凡銀行發與存戶之提款支票。別人不得借用。

（十七）凡存戶塡寫支票。無論給與何人收受。欲求妥愼。須于票面劃兩斜線。則該支票祇可交由各銀行代收。以防遇有遺失。被人冒收現銀。發票者。若知受票者係與某銀行來往。可將某銀行之名塡入兩畫斜綫之內。則該支票祇可由該某銀行代收。且對于發票者以受票者兩方更多壹層保障也。

（十八）凡領有支票部時。須將號碼及將數核對無遺。乃可開用。並須謹愼鎖固。以防流弊。如該支票部用完時。可將部尾之格式紙塡。妥簽字蓋章。送交銀行查核。再行發給。

（十九）凡支票遇有遺失。須即函知銀行。若在未函知銀行之前。而經已支付者。則銀行概不負責。

（二十）凡有存戶搬遷別處。須將新住址函知銀行更正。以便日後通訊。

（廿一）銀行日息計算

有以每日最終之剩額爲計息之標準者。有以每日最小之剩額爲計息之標準者。有以一日間剩額之平均爲計息之標準者

（廿二）銀行支票或滙單退回。聲明退回之理由表。

銀行將支票退回理由表

此票退回理由請看第..............................行便知

Cheque/Draft returned for reasons as checked :—

1.	Endorsement required....................	受票人未簽字
2.	,, requires confirmation..	請証實受票人
3.	,, ,, guarantee.......	請保証受票人
4.	Endorsement incomplete...............	簽字不完全
5.	,, irregular....................	簽字不符
6.	Banker's endorsement required.....	貴銀行未背簽
7.	,, clearing chop required......	貴銀行未蓋交換所印
8.	Payee's endorsement differs from specimen in our possession.......	受票人簽字與本行存底不符
9.	Payee's official chop required	受票人須蓋正式圖章
10.	Post dated..	此票尚未到期
11.	Out of date..	經已過期
12.	No advice (Please present again after arrival of next mail).	現未接信
13.	Payment has been stopped............	此票已停止支欵
14.	Original/Duplicate has been paid.....................	正票/副票已支訖
15.	Not drawn on us...........................	此票非在本行支銀
16.	No account with us........................	無戶口在本行
17.	Drawn on our................................	此票在　　本行支收銀
18.	Drawer's signature required..........	發票人未簽字
19.	,, ,, incomplete........	發票人簽字不完全
20.	,, ,, not authorized..	發票人簽字不正式
21.	Drawer deceased............................	出票人已去世
22.	Refer to drawer.............................	請與發票人接洽
23.	Alteration requires drawer's signature.	塗改處請發票人簽字
24.	Drawn on uncollected deposit........	戶口進數未收妥
25.	Insufficient funds..........................	存欵不足
26.	Crossed : must be deposited............	此票不支現銀
27.	Words and figures differ.................	串字與號碼不符
28.	Mutiled cheques require Drawer's signature	破爛處要發票人簽字

銀行定期存欵規則

定期存欵者。當存入時。約定期限。非到期不得支取。利息之高下。視限期之長短而別。在期限內。有所急需。不得提前支付。惟有通融顧客起見。常予支付。利息一層。多少由銀行酌給。如存款到期而未轉期者。期滿後之日子。無息支給。

銀行放款種類

（一）動產抵押放款

揭款人屆期如不還款。銀行得將其抵押品變賣。

（二）信用放款

銀行對於借主不須抵押品。亦不須保證人。而直接對之放款也。此乃對個人信用而放款。

（三）保證放款

銀行對於借主放款有保證人爲之保證。訂立契約。規定放款之限度。在此限度以內。可以隨時支付。而銀行亦得隨時請求其還本利之放款也。

（四）往來透支

銀行與往來存款之存戶訂立契約。在一定之時期。以一定之金額爲限。有權發出超過存款之支票。而向銀行借款也。存戶可陸續支取。幷可隨時歸還。

銀行貼現規則

歐美商家交易之用賒欠法者。常以票據爲兌。例如某店向某廠購貨。在貨物未售出以前。不克付現。即可出一期票與某廠。約定若干日後付款。或由廠出一滙票。令某店承認於若干時後付款。此種簽字承認。謂之承受。(Accept) 某廠得期票或承受之滙票後。於未到期前。如需款項。可即向銀行請求貼現 (Discount) 貼現者。卽銀行買入未到期之票據。由買進日起計。至到期日止。扣去利息。而以現欵給持票人。

滙兌種類

（一）票滙

滙欵人到銀行聲明各件。銀行收到滙欵及滙水。則給以滙票。有單頭票。有正副票。兩種。各滙票上記有收欵人姓各。則由收欵人兌殷實商店保証。方能支給。

（二）信滙

滙欵人將滙欵原信。交由銀行代爲寄出。銀行不另給滙欵人滙票。銀行於收入滙欵及滙水後。一面給滙欵人以收條。一面將各滙欵人原信彙寄付款之行。付款行接到後。將原信帶同正副收條二張。給送收款人。收款人將收條塡就。加蓋印章。連同原信信封。交付款之銀行查對無訛。卽照兌付。正收條由付款銀行寄回發信銀行。交還滙款人。手續方爲完妥。

(三)電滙

顧客有與銀行同時發電者。或有托銀行單獨發電者。如單獨發電。則某地銀行接電後。即將通告書送往收款人。該收款人可根據滙款通告書。取款便妥。如顧客與銀行仝時發電。則須對照無訛。始能付款。

(四)押滙 (又名跟單押滙)

凡貨物寄付外埠。商人當發貨時。由賣主按其貨物之價值。發出逆滙票。連同提單保險單。以其貨物作抵押。請求銀行將該滙票貼現是也。

(五)滙票囘頭佣

凡買滙單。銀行有給囘囘頭佣者。計開

英金滙單給零六二五(1/16)佣
美金滙單給零六二五(1/16)佣
星架波單給　一二五(1/8)佣
上海單給零六弍五(1/16)佣
日金滙單給　一弍五(1/8)佣
西貢滙單給　壹弍五(1/8)佣
印度滙單給　一弍五(1/8)佣

(六)活支滙欵

其用意係在供給旅客隨處支用。其手續先由滙款人到銀行聲明。欲向其何分行支款若干。并須簽定印鑑票若干張。俾得寄往支行。銀行即給顧客以信用狀。內中註明可通融款項額數。用款時可發支票。并記支票數目於信用狀之背面。

(七)信滙與押滙之手續

滙兌有順逆兩種。順滙者由滙款人順序滙出。其原動力爲滙款人。逆滙者由收款人到其順序。向付款人出票。命其支付。其原動力爲收款人。順滙有定期即期電滙三種。其手續較簡。逆滙有信滙與押滙之分。信滙者先由買主(輸入商)提出相當之担保。該國之銀行。而自該國之銀行取得商業信用狀 於(Commercial Letter of Credit)一紙。與定貨單。一同郵寄至外國之發貨商人。(輸出商)發貨商人憑此信用狀。作成買主銀行支付之滙票。然後將滙票。信用狀。發票。揭單。保險單等單據。交於銀行。銀行將信用狀與各種單據對照無誤。即將此滙票貼現。而將滙票及各種單據寄至外國之支行或代理行處理之。所謂信用狀者。爲輸入商之銀行應輸入商之請求。而致輸出商之函件。內載明輸出商可以在一定金額以下。一定時期以內。對於銀行發出滙票是也。

押滙與信滙不同。其滙票貼現之時。無信用狀以爲證明。由發貨人作成輸入商支付票款之滙票。然後將滙票提單發票(如其商品爲運至美國英國等國則尚須附領事發票。信滙亦同)保險單押滙副證書。(Letter of Hypothecation)交於銀行。銀行將此滙票貼現。扣去貼現費。貼現費者。即手續費與滙票貼現日至到期日之利息是也 (發貨人)因此可以先得貨價於銀行。銀行即以此等滙票及單據寄至輸入商地方之支行或代理行。託其向輸入商代取票款。幷將各種單據交於輸入商。凡輸出商常向銀行預定契約。關於押滙金額之高下。滙票之期限。祇押品交付之方法。皆爲相當之約定。如是則押滙時。不致有何窒碍。信滙與押滙滙票之性質不同。一則根據於信用狀而爲貼現。一則根據於提單所代表之貨物而爲貼現。信滙滙票其承受。(Accept)或支付者爲銀行。押滙滙票其承受或支付者爲輸入商。故信滙滙票之信用。較之押滙滙票爲佳。凡發票滙票提單保險單等。常作數通。以免寄至外國。中途有延誤及失落之虞。

(八)貨到而入口單及儎紙未到之辦法

凡貨物先到而未有入口單及儎紙寄到者。例不能提貨。商人如急於起貨及發賣。但可向銀行取保證書(Letter of Guarantee) 給與船務公司。該公司見有此種保證書。即給以柯打紙即(起貨憑證)。倘銀行不相信。即須要交現欵。方能給與保證書。如入口單非由銀行代收者。亦可交銀與銀行取保證書。如銀行收到入口單及儎紙時。即向船公司換回保證書。作爲手續完滿。

滙水零數算法

1/32	即	.03125	1/2	即	.5
1/16	即	.0625	17/32	即	.53125
3/32	即	.09375	9/16	即	.5625
1/8	即	.125	19/32	即	.59375
5/32	即	.15625	5/8	即	.625
3/16	即	.1875	21/32	即	.65625
7/32	即	.21875	11/16	即	.6875
1/4	即	.25	23/32	即	.71875
9/32	即	.28125	3/4	即	.75
5/16	即	.3125	25/32	即	.78125
11/32	即	.34375	13/16	即	.8125
3/8	即	.375	27/32	即	.84375
13/32	即	.40625	7/8	即	.875
7/16	即	.4375	29/32	即	.90625
15/32	即	.46875	15/16	即	.9375
			31/32	即	.96875

英國司連票價滙水算法

司連票價一零三八七五。卽港銀一元。買得一司令三扁士零七個咽。（四個花令卽一扁士。十二扁士卽一司令。二十司令卽一磅英金。）如欲知每金磅値港銀多少卽一磅化爲二百四十個扁士在位。以十五八七五除之。便得十五元一毫一仙八。

簡捷算法。如零數太長。每柱可用八折。然後照上算法。因司連票價多是咽數伸算。如二百四十。八折得一百九十二之數。十五八七五。八折得一百二十七之數。一百九十二在位。以一百二十七除之。亦得十五元一毫一仙八之數。此法計少許多歸除。簡而無錯。

舊金山電報算法

如電報二二七五。卽二十二個六個咽金元。合一百元港紙。欲知每個金元値港銀多少。卽用一百在位。以二二七五除之。卽得每金元値港銀四元三毫九仙六。（捷法每柱八折。然後照上計算。）

上海電報算法（廿弍年改用大洋爲本位）

譬如上海電報七七六三。卽港銀每百元可買得七十七両六錢三規銀。以一在位。用七七六三除之。得一元二毫八仙八。卽每両規銀伸港銀一元二毫八仙八。

中國毫子換港紙算法

如有中國双毛七十五元。欲換港銀。如行情單載每千低四百二十捌元。卽將毫子七十五元在位。以一四二八除之。便知伸港紙多寡。（得港紙五十二元五毫二仙）。

石叻電報（星架波）

行情單載五四。卽港銀壹百元可買五十四元星架波銀。如欲知每星架波銀値港銀若干。以一百仕位用五四除之。卽每波銀値港銀一元八毫五仙一。

西貢電報

行情載五五。卽港銀一百元可買五十五元西貢銀。每元西貢銀値港銀多寡算法仝上（一元八毫一仙八）

勞啤電報

行情載八二六二五。卽港銀一百元。可買得八十弍個六二五　勞啤每盾勞啤銀値港銀多寡。算法仝上。（一元二毫一仙〇二）

呂宋電報

行情載四三。卽港銀一百元可買四十三元呂宋銀。每元呂宋銀値港銀多寡。算法照上（二元三毫二仙五五）。

佛冷電報

行情載五五。卽每百元港銀可買五百五十个佛冷。每佛冷値港銀多寡。算法仝上。（一元八毫一仙八）

暹羅電報

行情單載一四八五。卽一百疋値港銀一百四十八元五毫。卽每疋伸港銀一元四毫八仙五文。

上海司連與香港司連比較化算上海電報

上海司連行情一零六。卽每兩規銀買一司連六扁士。香港司連單行情一零三。卽每港元可買得一司連三扁士。先將上海司連化爲扁士。卽十八扁士。復將香港司連化爲扁士。卽十五扁士。以十五扁士用十八扁士除之。得八三三三之數。上海電報卽八三三是也。

生銀與司令票比較

如行情載生銀近期一六六八七五。卽十六個五個半扁士。買一安士生銀。其算法一六六八七五用八九四五（香港銀成色）乘之。得一四九二六。用一二除之。得一司連二九三。約一司連三扁士。

如行情生銀一六六八七五。司連票電報卽一零三是也。凡加多扁士買一安士生銀。卽金價平。如減少卽金價貴也。

美國大金計算十足金葉價目

行情每枚大金値港銀八十五元。每兩金葉應値若干算法。以八五在位。用九零九乘之。得七七換二六五。每元港銀購金葉若干。算法以七二在位。用七七二六五除之。每元得金葉九厘三是也。

香港金銀業行平兌美國大金規則

美國之八九大金規定每重八錢九分三厘三。流行日久。定必虧蝕。其重量定必不足。其平兌之法。以八九三三爲率。譬如每百枚欠平弍兩。行情每大金値八十元。卽以八十在位。用八九三三除之。卽每兩應補銀八十九元五毫八仙。二兩應補價一百七十九元一毫六仙。

香港金銀業行平兌英國金磅規則

英金磅每枚原重二錢一分三四。流行日久殘蝕。其平兌之法。以二一三四爲率。譬如每百磅欠弍錢。磅價行情每枚値十六元。以十六在位。用二一三四除之卽錢約補價銀七元五毫。應補平兌價銀一十七元

各國幣制比較

美國二十元。買一金錢。（卽大金）。重八錢九分三三。
英國二十司連。買一金磅。　重二錢一分三四。
法國二十佛冷。買一金錢。（卽大金）。重一錢七分。
德國二十馬克。買一金磅。　重二錢．分二。
日本十元。買一金錢。　重二錢二分
星架波一元。重五錢四分。買二司連四扁士。
印度十五勞啤。買英金一磅。
荷蘭每基路打卽一科連。　一司連八扁士。
中國銀元本位。每重七錢二分。
暹羅銀元。每疋重四錢。
呂宋銀元每披蘇重五錢四分。

英國滙水一覽表

每元值司令	每磅伸港銀
一〇〇・	二十元〇〇〇〇〇〇〇
一〇〇・〇三一二五	一十九元九四八零五二
一〇〇・〇六二五	一十九元八九六三七三
一〇〇・〇九三七五	一十九元八四四九六一二
一〇〇・一二五	一十九元七九三八一四四
一〇〇・一五六二五	一十九元七四二九三〇六
一〇〇・一八七五	一十九元六九二三〇七七
一〇〇・二一八七五	一十九元六四一九四三七
一〇〇・二五	一十九元五九一八三六七
一〇〇・二八一二五	一十九元五四一九八四七
一〇〇・三一二五	一十九元四九二三八五八
一〇〇・三四三七五	一十九元四四三〇三八
一〇〇・三七五	一十九元三九三九九四
一〇〇・四〇六二五	一十九元三四五〇八八二
一〇〇・四三七五	一十九元二九六四八二四
一〇〇・四六八七五	一十九元二四八一二〇三
一〇〇・五	一十九元二〇〇〇〇〇
一〇〇・五三一二五	一十九元一五二一一九七
一〇〇・五六二五	一十九元一〇四四七七六
一〇〇・五九三七五	一十九元零五七〇七二
一〇〇・六二五	一十九元〇〇九九〇一

每元值司令	每磅伸港銀
一〇〇・六五六二五	一十八元九六二九六三
一〇〇・六八七五	一十八元九一六二五六二
一〇〇・七一八七五	一十八元八六九七七八九
一〇〇・七五	一十八元八二三五二九四
一〇〇・七八一二五	一十八元七七七五〇六一
一〇〇・八一二五	一十八元七三一七〇七三
一〇〇・八四三七五	一十八元六八六一三一四
一〇〇・八七五	一十八元六四〇七七六七
一〇〇・九〇六二五	一十八元五九五六四一七
一〇〇・九三七五	一十八元五五〇七二四六
一〇〇・九六八七五	一十八元五〇六〇二四一
一〇一・	一十八元四六一五三八五
一〇一・〇三一二五	一十八元四一七二六六二
一〇一・〇六二五	一十八元三七三二〇五七
一〇一・〇九三七五	一十八元三二九三五五六
一〇一・一二五	一十八元二八五七一四三
一〇一・一五六二五	一十八元二四二二八〇三
一〇一・一八七五	一十八元一九九〇五二一
一〇一・二一八七五	一十八元一五六〇二八四
一〇一・二五	一十八元一一三二零七五
一〇一・二八一二五	一十八元〇七〇五八八二

每元值司令	每磅伸港銀
一〇一·三一二五	一十八元〇二八一六九〇
一〇一·三四三七五	一十七元九八五九四八五
一〇一·三七五	一十七元九四三九二五二
一〇一·四〇六二五	一十七元九〇二〇九七九
一〇一·四三七五	一十七元八六〇四六五一
一〇一·四六八七五	一十七元八一九〇二五五
一〇一·五	一十七元七七七七七七八
一〇一·五三一二五	一十七元七三六七二〇六
一〇一·五六二五	一十七元六九五八五二五
一〇一·五九三七五	一十七元六五五一七二四
一〇一·六二五	一十七元六一四六七八九
一〇一·六五六二五	一十七元五七四三七〇七
一〇一·六八七五	一十七元五三四二四六六
一〇一·七一八七五	一十七元四九四三〇五二
一〇一·七五	一十七元四五四五四五五
一〇一·七八一二五	一十七元四一四九六六
一〇一·八一二五	一十七元三七五五六五六
一〇一·八四三七五	一十七元三三六三四三一
一〇一·八七五	一十七元二九七二九七三
一〇一·九〇六二五	一十七元二五八四二七
一〇一·九三七五	一十七元二一九七三〇九
一〇一·九六八七五	一十七元一八一二〇八一
一〇二·	一十七元一四二八五七一
一〇二·〇三一二五	一十七元一〇四六七七一
一〇二·〇六二五	一十七元〇六六六六六七
一〇二·〇九三七五	一十七元〇二八八二四八
一〇二·一二五	一十六元九九一一五〇四
一〇二·一五六二五	一十六元九五三六四二四
一〇二·一八七五	一十六元九一六二九九六
一〇二·二一八七五	一十六元八七九一二〇九
一〇二·二五	一十六元八四二一〇五三
一〇二·二八一二五	一十六元八〇五二五一六
一〇二·三一二五	一十六元七六八五五九
一〇二·三四三七五	一十六元七三二〇二六一
一〇二·三七五	一十六元六九五六五二二
一〇二·四〇六二五	一十六元六五九四三六
一〇二·四三七五	一十六元六二三三七六六
一〇二·四六八七五	一十六元五八七四七三
一〇二·五	一十六元五五一七二四一
一〇二·五三一二五	一十六元五一六一二九
一〇二·五六二五	一十六元四八〇六八六七
一〇二·五九三七五	一十六元四四五三九六一
一〇二·六二五	一十六元四一〇二五六四
一〇二·六五六二五	一十六元三七五二六六五
一〇二·六八七五	一十六元三四〇四二五五
一〇二·七一八七五	一十六元三〇五七三二五

每元值司令	每磅伸港銀
一〇二·七五	一十六元二七一一八六四
一〇二·七八一二五	一十六元二三六七八六五
一〇二·八一二五	一十六元二〇二五八一六
一〇二·八四三七五	一十六元一六八四二一一
一〇二·八七五	一十六元一三四四五三八
一〇二·九〇六二五	一十六元一〇〇六二八九
一〇二·九三七五	一十六元〇六六九四五六
一〇二·九六八七五	一十六元〇三三四〇二九
一〇三·	一十六元
一〇三·〇三一二五	一十五元九六六七三六
一〇三·〇六二五	一十五元九三三六一
一〇三·〇九三七五	一十五元九〇〇六二一
一〇三·一二五	一十五元八六七七六八六
一〇三·一五六二五	一十五元八三五〇五一五
一〇三·一八七五	一十五元八〇二四六九一
一〇三·二一八七五	一十五元七七〇〇二〇五
一〇三·二五	一十五元七三七七〇四九
一〇三·二八一二五	一十五元七〇五五二一五
一〇三·三一二五	一十五元六七三四六九四
一〇三·三四三七五	一十五元六四一五四七九
一〇三·三七五	一十五元六〇九七五六一
一〇三·四〇六二五	一十五元五七八〇九三三
一〇三·四三七五	一十五元五四六五五八七

每元值司令	每磅伸港銀
一〇三·四六八七五	一十五元五一五一五
一〇三·五	一十五元四八三八七一
一〇三·五三一二五	一十五元四五二七一六三
一〇三·五六二五	一十五元四二一六八六七
一〇三·五九三七五	一十五元三九〇七八一六
一〇三·六二五	一十五元三六
一〇三·六五六二五	一十五元三二九三四一三
一〇三·六八七五	一十五元二九八八〇四八
一〇三·七一八七五	一十五元二六八三八九七
一〇三·七五	一十五元二三八〇九五二
一〇三·七八一二五	一十五元二〇七九二〇八
一〇三·八一二五	一十五元一七七八六五六
一〇三·八四三七五	一十五元一四七九二九
一〇三·八七五	一十五元一一八一一〇二
一〇三·九〇六二五	一十五元零八八四〇八六
一〇三·九三七五	一十五元〇五八八二三五
一〇三·九六八七五	一十五元〇二九三五四二
一〇四·	一十五元
一〇四·〇三一二五	一十四元九七〇七六〇二
一〇四·〇六式五	一十四元九四一六三四二
一〇四·〇九三七五	一十四元九一二六三一四
一〇四·一二五	一十四元八八三七二〇九
一〇四·一五六二五	一十四元八五四九三三三

每元值司令	每磅伸港銀
一〇四・一八七五	一十四元八二六二五四八
一〇四・二一八七五	一十四元七九七六八七九
一〇四・二五	一十四元七六九二三〇八
一〇四・二八一二五	一十四元七四〇八八二九
一〇四・三一二五	一十四元七一二六四三七
一〇四・三四三七五	一十四元六八四五二一四
一〇四・三七五	一十四元六五六四八八五
一〇四・四〇六二五	一十四元六二八五七一四
一〇四・四三七五	一十四元六〇〇七六〇五
一〇四・四六八七五	一十四元五七三〇五五
一〇四・五	一十四元五四五四五四五
一〇四・五三一二五	一十四元五一七九五八四
一〇四・五六二五	一十四元四九〇五六六
一〇四・五九三七五	一十四元四六三二七六八
一〇四・六二五	一十四元四三六〇九〇二
一〇四・六五六二五	一十四元四〇九〇〇五六
一〇四・六八七五	一十四元三八二〇二二五
一〇四・七一八七五	一十四元三五五一四〇二
一〇四・七五	一十四元三二八三五八二
一〇四・七八一二五	一十四元三〇一六七六
一〇四・八一二五	一十四元二七五〇九二九
一〇四・八四三七五	一十四元二四八六〇八五
一〇四・八七五	一十四元二二二二二二二

每元值司令	每磅伸港銀
一〇四・九〇六二五	一十四元一九五九三三五
一〇四・九三七五	一十四元一六九七四一七
一〇四・九六八七五	一十四元一四三六四六四
一〇五・	一十四元一一七六四七一
一〇五・〇三一二五	一十四元〇九一七四三一
一〇五・〇六二五	一十四元〇六五九三四一
一〇五・〇九三七五	一十四元〇四〇二一九四
一〇五・一二五	一十四元〇一四五九八五
一〇五・一五六二五	一十三元九八九〇七一
一〇五・一八七五	一十三元九六三六三六四
一〇五・二一八七五	一十三元九三八二九四
一〇五・二五	一十三元九一三〇四三五
一〇五・二八一二五	一十三元八八七八八四三
一〇五・三一二五	一十三元八六二八一五九
一〇五・三四三七五	一十三元八三七八三七八
一〇五・三七五	一十三元八一二九四九六
一〇五・四〇六二五	一十三元七八八一五〇八
一〇五・四三七五	一十三元七六三四四〇九
一〇五・四六八七五	一十三元七三八八一九三
一〇五・五	一十三元七一四二八五七
一〇五・五三一二五	一十三元六八九八三九六
一〇五・五六二五	一十三元六六五四八〇四
一〇五・五九三七五	一十三元六四一二〇七八

每元值司令	每磅伸港銀
一〇五·六二五	一十三元六一七〇二一三
一〇五·六五六二五	一十三元五九二九二〇四
一〇五·六八七五	一十三元五六八九〇四六
一〇五·七一八七五	一十三元五四四九七三六
一〇五·七五	一十三元五二一一二六八
一〇五·七八一二五	一十三元四九七三六三八
一〇五·八一二五	一十三元四七三六八四二
一〇五·八四三七五	一十三元四五〇〇八七六
一〇五·八七五	一十三元四二六五七三四
一〇五·九〇六二五	一十三元四〇三一四一四
一〇五·九三七五	一十三元三七九七九〇九
一〇五·九六八七五	一十三元三五六五二一七
一〇六·	一十三元三三三三三三三
一〇六·〇三一二五	一十三元三一〇二二五三
一〇六·〇六二五	一十三元二八七一九七二
一〇六·九三七五	一十三元二六四二四八七
一〇六·一二五	一十三元二四一三七九三
一〇六·一五六二五	一十三元二一八五八八六
一〇六·一八七五	一十三元一九五八七六三
一〇六·二一八七五	一十三元一七三二四一九
一〇六·二五	一十三元一五〇六八四九
一〇六·二八一二五	一十三元一二八二〇五一
一〇六·三一二五	一十三元一〇八五〇二

每元值司令	每磅伸港銀
一〇六·三四三七五	一十三元〇八三四七五三
一〇六·三七五	一十三元〇六一二二四五
一〇六·四〇六二五	一十三元〇三九〇四九二
一〇六·四三七五	一十三元〇一六九四九二
一〇六·四六八七五	一十二元九九四九二三九
一〇六·五	一十二元九七二九七三
一〇六·五三一二五	一十二元九五一〇九六一
一〇六·五六二五	一十二元九二九二九二九
一〇六·五九三七五	一十二元九〇七五六三
一〇六·六二五	一十二元八八五九〇六
一〇六·六五六二五	一十二元八六四三二一六
一〇六·六八七五	一十二元八四二八〇九四
一〇六·七一八七五	一十二元八二一三六八九
一〇六·七五	一十二元八
一〇六·七八一二五	一十二元七七八七〇二二
一〇六·八一二五	一十二元七五七四七五一
一〇六·八四三七五	一十二元七三六三一八四
一〇六·八七五	一十二元七一五二三一八
一〇六·九〇六二五	一十二元六九四二一四九
一〇六·九三七五	一十二元六七三二六七三
一〇六·九六八七五	一十二元六五二三八八八
一〇七·	一十二元六三一五七八九
一〇七·〇三一二五	一十二元六一〇八三七四

每元值司令	每磅伸港銀
一〇七·〇六二五	一十二元五九〇一六三九
一〇七·〇九三七五	一十二元五六九五五八一
一〇七·一二五	一十二元五四九〇一九六
一〇七·一五六二五	一十二元五二八五四八一
一〇七·一八七五	一十二元五〇八一四三三
一〇七·二一八七五	一十二元四八七八〇四九
一〇七·二五	一十二元四六七五三二五
一〇七·二八一二五	一十二元四四七三二五八
一〇七·三一二五	一十二元四二七一八四五
一〇七·三四三七五	一十二元四〇七一〇八二
一〇七·三七五	一十二元三八七〇九六八
一〇七·四〇六二五	一十二元三六七一四九八
一〇七·四三七五	一十二元三四七二六六九
一〇七·四六八七五	一十二元三二七四四七八
一〇七·五	一十二元三〇七六九二三
一〇七·五三一二五	一十二元二八八
一〇七·五六二五	一十二元二六八三七〇六
一〇七·五九三七五	一十二元二四八八〇三八
一〇七·六二五	一十二元二二九二九九四
一〇七·六五六二五	一十二元二〇九八五六九
一〇七·六八七五	一十二元一九〇四七六二
一〇七·七一八七五	一十二元一七一一五六九
一〇七·七五	一十二元一五一八九八八

每元值司令	每磅伸港銀
一〇七·七八一二五	一十二元一三二七〇一四
一〇七·八一二五	一十二元一一三五六四六
一〇七·八四三七五	一十二元〇九四四八八二
一〇七·八七五	一十二元〇七五四七一六
一〇七·九〇六二五	一十二元〇五六五一四九
一〇七·九三七五	一十二元〇三七六一七六
一〇七·九六八七五	一十二元〇一八七七九三
一〇八·	一十二元
一〇八·〇三一二五	一十一元九八一二七九三
一〇八·〇六二五	一十一元九六二六一六八
一〇八·〇九三七五	一十一元九四四〇一二四
一〇八·一二五	一十一元九二五四六五八
一〇八·一五六二五	一十一元九〇六九七六七
一〇八·八七五	一十一元八八八五四四八
一〇八·二一八七五	一十一元八七〇一七
一〇八·二五	一十一元八五一八五一九
一〇八·二八一二五	一十一元八三三五九〇一
一〇八·三一二五	一十一元八一五三八四六
一〇八·三四三七五	一十一元七九七二三五
一〇八·三七五	一十一元七七九一四一
一〇八·四〇六二五	一十一元七六一一〇二六
一〇八·四三七五	一十一元七四三一一九二
一〇八·四六八七五	一十一元七二五一九〇八

每元値司令	每磅伸港銀
一〇八・五	一十一元七〇七三一七
一〇八・五三一二五	一十一元六八九四九七七
一〇八・五六二五	一十一元六七一七三二六
一〇八・五九三七五	一十一元六五四〇二一二
一〇八・六二五	一十一元六三六三六三六
一〇八・六五六二五	一十一元六一八七五九五
一〇八・六八七五	一十一元六〇一二〇八四
一〇八・七一八七五	一十一元五八三七一〇四
一〇八・七五	一十一元五六六二六五
一〇八・七八一二五	一十一元五四八八七二二
一〇八・八一二五	一十一元五三一五三一六
一〇八・八四三七五	一十一元五一四二四二九
一〇八・八七五	一十一元四九七〇〇六
一〇八・九〇六二五	一十一元四七九八二〇六
一〇八・九三七五	一十一元四六二六八六六
一〇八・九六八七五	一十一元四四五六〇三六
一〇九・	一十一元四二八五七一
一〇九・〇三一二五	一十一元四一一五八九九
一〇九・〇六二五	一十一元三九四六五八八
一〇九・〇九三七五	一十一元三七七七七七八
一〇九・一二五	一十一元三六〇九四六七
一〇九・一五六二五	一十一元三四四一六五四
一〇九・一八七五	一十一元三二七四三三六

每元値司令	每磅伸港銀
一〇九・二一八七五	一十一元三一〇七五一一
一〇九・二五	一十一元二九四一一七六
一〇九・二八一二五	一十一元二七七五三三三
一〇九・三一二五	一十一元二六〇九九七一
一〇九・三四三七五	一十一元二四四五〇九五
一〇九・三七五	一十一元二二八〇七〇二
一〇九・四〇六二五	一十一元二一一六七八八
一〇九・四三七五	一十一元一九五三三五三
一〇九・四六八七五	一十一元一七九〇三九三
一〇九・五	一十一元一六二七九〇七
一〇九・五三一二五	一十一元一四六五八九三
一〇九・五六二五	一十一元一三〇四三四八
一〇九・五九三七五	一十一元一一四三二七一
一〇九・六二五	一十一元〇九八二六五九
一〇九・六五六二五	一十一元〇八二二五一一
一〇九・六八七五	一十一元〇六六二八二四
一〇九・七一八七五	一十一元〇五〇三五九七
一〇九・七五	一十一元〇三四四八二八
一〇九・七八一二五	一十一元〇一八六五一四
一〇九・八一二五	一十一元〇〇二八六五三
一〇九・八四三七五	一十元九八七一二四五
一〇九・八七五	一十元〇九七一四二八六
一〇九・九〇六二五	一十元九五五七七七五

每元値司令	每磅伸港銀	每元値司令	每磅伸港銀
一〇九·九三七五	一十元〇九四〇一七〇九	一〇十·六五六二五	一十元五三九一〇三四
一〇九·九六八七五	一十元九二四六〇八八	一〇十·六八七五	一十元〇五七八五一二四
一〇十·	一十元〇九〇九〇九〇九	一〇十·七一八七五	一十元五六三九六一五
一〇十·〇三一二五	一十元八九三六一七	一〇十·七五	一十元〇五四九四五〇五
一〇十·〇六二五	一十元〇八七八一八七	一〇十·七八一二五	一十元五三四九七九四
一〇十·〇九三七五	一十元八六二八〇〇六	一〇十·八一二五	一十元〇五二〇五四七九
一〇十·一二五	一十元〇八四七四五七六	一〇十·八四三七五	一十元五〇六一五六
一〇十·一五六二五	一十元八三二一五八	一〇十·八七五	一十元〇四九一八〇三三
一〇十·一八七五	一十元〇八一六九〇一四	一〇十·九〇六二五	一十元四七七四八九八
一〇十·二一八七五	一十元八〇一六八七八	一〇十·九三七五	一十元四六三二一五三
一〇十·二五	一十元〇七八六五一六九	一〇十·九六八七五	一十元四四八九七九六
一〇十·二八一二五	一十元七七一三八八五	一十一·	一十元〇四三四七八二六
一〇十·三一二五	一十元〇七五六三〇二五	一十一·〇三一二五	一十元四二〇六二四二
一〇十·三四三七五	一十元七四一二五八七	一十一·〇六二五	一十元〇四〇六五〇四一
一〇十·三七五	一十元〇七二六二五七	一十一·〇九三七五	一十元三九二四二二二
一〇十·四〇六二五	一十元七一一二九七一	一十一·一二五	一十元〇三七八三七八四
一〇十·四三七五	一十元〇六九六三七八八	一十一·一五六二五	一十元三六四三七二五
一〇十·四六八七五	一十元六八一五〇二一	一十一·一八七五	一十元〇三五〇四〇四三
一〇十·五	一十元〇六六六六六六七	一十一·二一八七五	一十元三三六四七三八
一〇十·五三一二五	一十元六五一八七二四	一十一·二五	一十元〇三二二五八〇六
一〇十·五六二五	一十元〇六三七一一九一	一十一·二八一二五	一十元三〇八七二四八
一〇十·五九三七五	一十元六二二四〇六六	一十一·三一二五	一十元〇二九四九〇六二
一〇十·六二五	一十元〇六〇七七三八四	一十一·三四三七五	一十元二八一一二四五

每元值司令	每磅伸港銀
一十一・三七五	一十元〇二六七三七九七
一十一・四〇六二五	一十元二五三六七一六
一十一・四三七五	一十元〇二四
一十一・四六八七五	一十元二二六三六四九
一十一・五	一十元〇二一二七六六
一十一・五三一二五	一十元一九九二〇三二
一十一・五六二五	一十元〇一八五六七六四
一十一・五九三七五	一十元一七二一八五四
一十一・六二五	一十元一五八七三〇二
一廿一・六五六二五	一十元一四五三一〇四
一廿一・六八七五	一十元〇一三一九二六一

每元值司令	每磅伸港銀
一十一・七一八七五	一十元一一八五七七一
一十一・七五	一十元〇一〇五二六三二
一十一・七八一二五	一十元〇九一九八四二
一十一・八一二五	一十元〇〇七八七四〇二
一十一・八四三七五	一十元〇六五五三〇八
一十一・八七五	一十元〇〇五二三五六
一十一・九〇六二五	一十元〇三九二一五七
一十一・九三七五	一十元〇〇二六一〇九七
一十一・九六八七五	一十元〇一三〇三七八
二〇	一十元

按揭股份者注意

凡揭出欵項。以股份作按。該股份無論是何公司者。須將股份到該公司對明及掛號方可。倘能將該股份轉歸銀主名字更佳。如不轉名。則須有殷實之經　。簽名担保還欵。方爲穩妥。至於遺失或被毀重新發回之股票。則不宜作按。因此種股票。常有轇輵不清。至發生意外者。希爲注意。

二十年期内複息表

年期	週息二厘半	週息三厘	週息三厘半	週息四厘	週息五厘	週息六厘
Yrs.	2½ per Cent	3 Per Cent	3½ Per Cent	4 Per Cent	5 Per Cent	6 Per Cent
1	1.025000	1.030000	1.035000	1.040000	1.050000	1.060000
2	1.050625	1.060900	1.071225	1.081600	1.102500	1.123600
3	1.076891	1.092727	1.108718	1.124864	1.157625	1.191016
4	1.103813	1.125509	1.147523	1.169859	1.215506	1.262477
5	1.131408	1.159274	1.187686	1.216653	1.276282	1.338226
6	1.159693	1.194052	1.229255	1.265319	1.340096	1.418519
7	1.188686	1.229874	1.272279	1.315932	1.407100	1.503630
8	1.218403	1.266770	1.316809	1.368569	1.477455	1.593848
9	1.248863	1.304773	1.362897	1.423312	1.551328	1.689479
10	1.280085	1.343916	1.410599	1.480244	1.628895	1.790848
11	1.312087	1.384234	1.459970	1.539454	1.710339	1.898299
12	1.344889	1.425761	1.511069	1.601032	1.795856	2.012197
13	1.378511	1.468534	1.563956	1.665074	1.885649	2.132928
14	1.412974	1.512590	1.618695	1.731676	1.979932	2.260904
15	1.448298	1.557967	1.675349	1.800944	2.078928	2.396558
16	1.484506	1.604706	1.733986	1.872981	2.182875	2.540352
17	1.521618	1.652848	1.794676	1.947901	2.292018	2.692773
18	1.559659	1.702433	1.857489	2.025817	2.406619	2.854339
19	1.598650	1.753506	1.922501	2.106849	2.526950	3.025600
20	1.638616	1.806111	1.989789	2.191123	2.653298	3.207136

本銀以一元在位息項由二厘半至一分二厘週算表内數目係指該年底所應得本息

二十年期內複息表

期年	週息七厘	週息八厘	週息九厘	週息一分	週息一分一	週息一分二
Yrs.	7 Per Cent	8 Per Cent	9 Per Cent	10 Per Cent	11 Per Cent	12 Per Cent
1	1.070000	1.080000	1.090000	1.100000	1.110000	1.120000
2	1.144900	1.166400	1.188100	1.210000	1.232100	1.254400
3	1,225043	1.259712	1.295029	1.331000	1.367631	1.404908
4	1.310796	1.360489	1.411582	1.464100	1.518070	1.573519
5	1.402552	1.469328	1.538624	1.610510	1.685058	1.762342
6	1.500730	1.586874	1.677100	1,771561	1.870414	1.973822
7	1.605781	1.713824	1.828039	1.948717	2.076160	2.210681
8	1.718186	1.850930	1.992563	2.143589	2.304537	2.475963
9	1.838459	1.999005	2.171893	2.357948	2.558036	2.773078
10	1.967151	2.158925	2.367364	2.593742	2.839420	3,105848
11	2 104852	2.331639	2 580426	2.853117	3.151757	3.478549
12	2.252192	2.518170	2.812665	3.138428	3.498450	3.895975
13	2.409845	2.719624	3.065805	3.452271	3.883279	4.363492
14	2.578534	2 937194	3.341727	3.797498	4.310440	4.887111
15	2.759031	3.172169	3.642482	4.177248	4.784588	5.473565
16	2.952164	3.425943	3.970306	4 594973	5.310893	6.130392
17	3.158815	3.700018	4.327633	5.054470	5.895091	6.866040
18	3.379932	3.996019	4.717120	5.559917	6.543551	7.689964
19	3.616527	4.315701	5.141661	6.115909	7.263342	8.612760
20	3.869684	4.660957	5.604411	6.727500	8.062309	9.646291

本銀以--元任位息項由二厘半至一分二厘週算表內數目係指該年底所應得本息

物質重量備考

中國名稱	西文名稱	每立方尺之重量
黃金	(Gold)	一千二百零五磅
銀	(Silver)	六百五十五磅
黃銅	(Copper)	五百五十磅
生銅	(Brass)	五百二十磅
紫銅	(Bronze)	五百一十磅
生鐵	(Cast Iron)	四百五十磅
熟鐵	(Wrought Iron)	四百八十磅
鋼	(Steel)	四百九十磅
錫	(Tin)	四百六十磅
白鉛(鋅)	(Zinc)	四百四十磅
青鉛	(Lead)	七百一十磅
白金	(Platinum)	一千三百四十二磅
礟銅	(Gunmetal)	五百四十磅
淡水	(Fresh Water)	六十二磅
鹹水	(Salt Water)	六十四磅
水銀	(Mercury)	八百四十九磅
電油	(Gasoline)	四十二磅
油類	(Oils)	五十八磅
火油(未製煉者)	(Petrol)	五十五磅
火油(已製煉者)	(Petrol Refined)	五十磅
沙(乾鬆者)	(Sand Dry Loose)	一百磅
沙(濕者)	(Sand Wet)	一百三十磅
白麻石	(Granite)	一百七十磅
雲石	(Marble)	一百七十磅
磚(最實者)	(Brick Pressed)	一百五十磅
磚(中等者)	(Brick Common)	一百二十五磅
磚(鬆質者)	(Brick Soft)	一百磅
英坭或灰坭三合土	(Concrete)	一百四十磅
鐵釀三合土	(Reinforced Concrete)	一百五十磅
煏炭三合土	(Coke Breeze Concrete)	九十磅
酸枝木	(Ebony)	七十六磅
水松節	(Cork)	十五磅
抽木	(Teak)	五十磅
窗門玻璃	(Window Glass)	一百六十磅
英坭	(Cement, Natured)	五十九磅

圓鋼條與圓鐵條每尺長之重量

WEIGHT OF ROUND STEEL OR WROUGHT IRON IN LBS PER FOOT RUN

對徑 Dia.	鋼 Sieel	熟鐵 W.Ivon	對徑 Dia.	鋼 Sieel	熟鐵 W.Ivon
寸 In	磅 Lb.	磅 Lb.	寸 In	磅 Lb.	磅 In
$\frac{3}{16}$	0.094	0.092	$3\frac{1}{4}$	28.21	27.65
$\frac{1}{4}$	0.167	0.164	$3\frac{1}{2}$	32.71	32.07
$\frac{5}{16}$	0.256	0.261	$3\frac{3}{4}$	37.53	36.82
$\frac{3}{8}$	0.376	0.368	4	42.73	41.80
$\frac{7}{16}$	0.511	0.501	$4\frac{1}{4}$	48.23	47.29
$\frac{1}{2}$	0.668	0.654	$4\frac{1}{2}$	54.07	53.01
$\frac{9}{16}$	0.845	0.828	$4\frac{3}{4}$	60.23	59.07
$\frac{5}{8}$	1.043	1.023	5	66.76	65.45
$\frac{11}{16}$	1.262	1.237	$5\frac{1}{4}$	73.60	72.16
$\frac{3}{4}$	1.502	1.473	$5\frac{1}{2}$	80.73	79.19
$\frac{13}{16}$	1 763	1.728	$5\frac{3}{4}$	88.29	86.56
$\frac{7}{8}$	2.044	2.004	6	96.13	94.23
$\frac{15}{16}$	2.347	2.301	$6\frac{1}{4}$	104.31	102.27
1	2.670	2.618	$6\frac{1}{2}$	112.82	110.61
$1\frac{1}{8}$	3.380	3.313	$6\frac{3}{4}$	121.67	119.28
$1\frac{1}{4}$	4.172	4.091	7	130.85	128.28
$1\frac{3}{8}$	5.049	4.950	$7\frac{1}{4}$	140 36	137.61
$1\frac{1}{2}$	6.008	5.890	$7\frac{1}{2}$	150.21	147.26
$1\frac{3}{4}$	7.051	6.913			
$1\frac{5}{8}$	8.178	8.018	$7\frac{3}{4}$	160.39	157.24
$1\frac{7}{8}$	9.388	9.204	8	170.90	167.55
2	10.681	10.472	$8\frac{1}{4}$	181.75	178.19
$2\frac{1}{8}$	12.06	11.82	$8\frac{1}{2}$	192.93	189.15
$2\frac{1}{4}$	13.52	13.25	$8\frac{3}{4}$	204.45	200.44
$2\frac{3}{8}$	15.06	14.77	9	216.30	212.06
$2\frac{1}{2}$	16.69	16.36	$9\frac{1}{4}$	228.48	224.00
$2\frac{5}{8}$	18.40	18.04	$9\frac{1}{2}$	241.00	236.27
$2\frac{3}{4}$	20.19	19.80	$9\frac{3}{4}$	253.85	248.87
$2\frac{7}{8}$	22.07	21.64	10	267.04	261.80
3	24.03	23,56			

方鋼條與方鐵條每尺長之重量

WEIGHT OF SQUARE STEEL OR WROUGHT IRON BARS IN LBS PER FOOT RUN

大小 Size	鐵 Wrought Iron	鋼 Steel	大小 Size	鐵 Wrought Iron	鋼 Steel
寸 In	磅 Lb.	磅 Lb.	寸 In	磅 Lb.	磅 Lb.
3/16	0.117	0.120	3	30.00	30.60
1/4	0.208	0.213	3 1/4	35.21	35.91
5/16	0.326	0.332	3 1/2	40.83	41.65
3/8	0.469	0.478	3 3/4	46.87	47.81
7/16	0.638	0.651	4	53.33	54.40
1/2	0.833	0.849	4 1/4	60.21	61.41
9/16	1.055	1.076	4 1/2	67.50	68.85
5/8	1.302	1.328	4 3/4	75.21	76.71
11/16	1.576	1.607	5	83.33	85.00
3/4	1.875	1.912	5 1/4	91.87	93.71
13/16	2.201	2.245	5 1/2	100.83	102.85
7/8	2.552	2.603	5 3/4	110.21	112.41
15/16	2.930	2.988	6	120.00	122.40
1	3.333	3.400	6 1/4	130.21	132.81
1 1/8	4.209	4.303	6 1/2	140.83	143.65
1 1/4	5.208	5.312	6 3/4	151.90	154.90
1 3/8	6.302	6.428	7	163.30	166.60
1 1/2	7.500	7.650	7 1/4	175.20	178.70
1 5/8	8.802	8.978	7 1/2	187.50	191.20
1 3/4	10.208	10.412	7 3/4	200.20	204.20
1 7/8	11.719	11.953	8	213.30	217.60
2	13.333	13.600	8 1/4	226.90	231.40
2 1/8	15.05	15.35	8 1/2	240.80	245.60
2 1/4	16.87	17.21	8 3/4	255.20	260.30
2 3/8	18.80	19.18	9	270.00	275.40
2 1/2	20.83	21.25	9 1/4	282.20	290.90
2 5/8	22.97	23.43	9 1/2	300.80	306.80
2 3/4	25.21	25.71	9 3/4	316.90	323.20
2 7/8	27.55	28.10	10	333.30	340.00

扁鐵條每尺長之重量（鋼條加百份之二份）(一)

WEIGHT OF IRON FLAT BARS IN LBS PER LINEAL FOOT

Breadth In Inches 活度英寸	厚度（英寸） Thickness In Inches															
	1/4	5/16	3/8	7/16	1/2	5/8	3/4	7/8	1	1 1/8	1 1/4	1 3/8	1 1/2	1 5/8	1 3/4	1 7/8	2 英寸
1	0.83	1.04	1.25	1.46	1.67	2.08	2.50	2.92	3.33								
1 1/8	0.94	1.17	1.41	1.64	1.88	2.34	2.81	3.28	3.75								
1 1/4	1.04	1.30	1.56	1.82	2.08	2.60	3.13	3.65	4.17	4.69							
1 3/8	1.15	1.43	1.72	2.01	2.29	2.87	3.44	4.01	4.58	5.16	5.73						
1 1/2	1.25	1.56	1.88	2.19	2.50	3.13	3.75	4.38	5.00	5.63	6.25	6.88					
1 5/8	1.35	1.69	2.03	2.37	2.71	3.39	4.06	4.74	5.42	6.09	6·77	7.45	8.13				
1 3/4	1.46	1.82	2.19	2.55	2.92	3.65	4.38	5.10	5.83	6.56	7.29	8.02	8.75	9.48			
1 7/8	1.56	1.95	2.34	2.73	3.13	3.91	4.69	5.47	6.25	7.03	7.81	8.59	9.38	10.16	10.94		
2	1.67	2.08	2.50	2.92	3.33	4.17	5.00	5.83	6.67	7.50	8.33	9.17	10.00	10.83	11.67	12.50	
2 1/8	1.77	2.21	2.66	3.10	3.54	4.43	5.31	6.20	7.08	7.97	8.85	9.74	10.63	11.51	12.40	13.28	14.17
2 1/4	1.88	2.34	2.81	3.28	3.75	4.69	5.63	6.56	7.50	8.44	9.38	10.31	11.25	12.19	13.13	14.06	15.00
2 3/8	1.98	2.47	2.97	3.46	3.96	4.95	5.94	6.93	7.92	8.91	9.90	10.89	11.88	12.87	13.85	14.84	15.83
2 1/2	2.08	2.60	3.13	3.65	4.17	5.21	6.25	7.29	8.33	9.38	10.42	11.46	12.50	13.54	14.58	15.63	16.67
2 5/8	2.19	2.73	3.28	3.83	4.38	5.47	6.56	7.66	8.75	9.84	10.94	12.03	13.13	14.22	15.31	16.41	17.50
2 3/4	2.29	2.87	3.44	4.01	4.58	5.73	6.88	8.02	9.17	10.31	11.46	12.60	13.75	14.90	16.04	17.19	18.33

扁鐵條每尺長重量若干磅（鋼條加百份之二份）(二)
WEIGHT OF IRON FLAT BARS IN LBS PER LINEAL FOOT

Breadth In Inches 活度英寸	厚度（英寸） Thickness In Inches																
	1/4	5/16	3/8	7/16	1/2	5/8	3/4	7/8	1	1 1/8	1 1/4	1 3/8	1 1/2	1 5/8	1 3/4	1 7/8	2 英寸
2 7/8	2.40	3.00	3.59	4.19	4.79	5.99	7.19	8.39	9.58	10.78	11.98	13.18	14.38	15.57	16.77	17.97	19.17
3	2.50	3.13	3.75	4.38	5.00	6.25	7.50	8.75	10.00	11.25	12.50	13.75	15.00	16.25	17.50	18.75	20.00
3 1/4	2.71	3.39	4.06	4.74	5.42	6.77	8.13	9.48	10.83	12.19	13.54	14.90	16.25	17.60	18.96	20.31	21.67
3 1/2	2.92	3.65	4.38	5.10	5.83	7.29	8.75	10.21	11.67	13.13	14.58	16.04	17.50	18.96	20.42	21.88	23.33
3 3/4	3.13	3.91	4.69	5.47	6.25	7.81	9.38	10.94	12.50	14.06	15.63	17.19	18.75	20.31	21.88	23.44	25.00
4	3.33	4.17	5.09	5.83	6.67	8.33	10·00	11.67	13.33	15.00	16.67	18.33	20.00	21.67	23.33	25.00	26.67
4 1/4	3.54	4.43	5.31	6.20	7.08	8.85	10.63	12.40	14.17	15.94	17.71	19.48	21.25	23.02	24.79	26.56	28.33
4 1/2	3.75	4.69	5.63	6.56	7.50	9.38	11.25	13.13	15.00	16.88	18.75	20.63	22.50	24.38	26.25	28.13	30.00
4 3/4	3.96	4.95	5.94	6.93	7.92	9.90	11,88	13.85	15.83	17.81	19.79	21.77	23.75	25.73	27.71	29.69	31.67
5	4.17	5.21	6.25	7.29	8.33	10.42	12.50	14.58	16.67	18.75	20.83	22.92	25.00	27.08	29.17	31.25	33.33
5 1/4	4.38	5.47	6.56	7.66	8.75	10.94	13.13	15.31	17.50	19.69	21.88	24.06	26.25	28.44	30.63	32.81	35.00
5 1/2	4.58	5.73	6.88	8.02	9.17	11.46	13.75	16.04	18.33	20.63	22.92	25.21	27.50	29.79	32.08	34.38	36.76
5 3/4	4.79	5.99	7.19	8.39	9.58	11.98	14.38	16.77	19.17	21.56	23.96	26.35	28.75	31.15	33.54	35.94	38.33
6	5.00	6.25	7.50	8.75	10.00	12,50	15.00	17.50	20.00	22.50	25.00	27.50	30.00	32.50	35.00	37.50	40.00

英國製鋼質角鐵每尺之重量
WEIGHT OF BRITISH STEEL EQUAL SIDED ANGLES IN LBS PER FOOT RUN

Size In Inches 體量	厚度 Thickneess In Inches								
	1/8 Inches	3/16 In.	1/4 In.	5/16 In.	3/8 In.	1/2 In.	5/8 In.	3/4 In.	7/8 In.
1 × 1	.80 lbs.		1.49 lbs.						
1¼ × 1¼	1.02		1.91						
1½ × 1½	123.		2.33	2.85 lbs.					
1¾ × 1¾		2.11 lbs.	2.77	3.39					
2 × 2		2.43	3.19	3.92	4.62 lbs.				
2¼ × 2¼		2.75	3.61	4.45	5.26				
2½ × 2½			4.04		5.89	7.65 lbs.			
2¾ × 2¾			4.46		6.53	8.50			
3 × 3			4.90		7.18	9.36	11.43 lbs.		
3½ × 3½				7.11	8.45	11.05	13.55		
4 × 4				8.17	9.72	12.75	15.67		
4½ × 4½					11.00	14.46	17.80	21.04 lbs.	
5 × 5					12.27	16.15	19.92	23.59	
6 × 6					14.83	19.56	24.48	28.70	
7 × 7						22.97	28.44	33.80	39.06 lbs.
8 × 8						26.35	32.67	38.89	45.

工字鐵陣每尺長之重量

ROLLED STEEL JOISTS

活度（寸 In.） Breadth	高度（寸 In.） Depth	每尺長重(磅Lb) Weight Per Foot
$1\frac{1}{2}$ Inches.	3 Inehes.	4 Lbs.
3 ,,	3 ,,	$8\frac{1}{2}$,,
$1\frac{3}{4}$	4	5
3	4	$9\frac{1}{2}$
$1\frac{3}{4}$	$4\frac{3}{4}$	$6\frac{1}{2}$
3	5	11
$4\frac{1}{2}$	5	18
3	6	12
$4\frac{1}{2}$	6	20
5	6	25
4	7	16
4	8	18
5	8	28
6	8	35
4	9	21
7	9	58
5	10	30
6	10	42
8	10	70
5	12	32
6	12	44
6	12	54
6	14	46
6	14	57 (厚料)
5	15	42
6	15	59
6	16	62
7	18	75
$7\frac{1}{2}$	20	89
$7\frac{1}{2}$	24	100

鐵板每一英方尺之重量(鋼板加百份之二份)

WEIGHT OF IRON PLATES IN LBS PER SQUARE FOOT

厚度 (寸) Thickness	磅 lb. Weight	厚度 (寸) Thickness	磅 lb. Weight
1/32	1.25	13/16	32.50
1/16	2.50	7/8	35.00
1/8	5.00	15/16	37.50
3/16	7.50	1	40.00
1/4	10.00	1 1/8	45.00
5/16	12.50	1 1/4	50.00
3/8	15.00	1 3/8	55.00
7/16	17.50	1 1/2	60.00
1/2	20.00	1 5/8	65.00
9/16	22.50	1 3/4	70.00
5/8	25.00	1 7/8	75.00
11/16	27.50	2	80.00
3/4	30.00		

水流白鐵皮(卽鉛水瓦坑鐵)重量與大小

WEIGHT AND SIZE OF GALVANIZED CORRUGATED IRON SHEET

Thickness 厚度	Size of Sheet 鐵皮大小	Weight of Square of 100 feet 百尺方之重量	Square feet per ton 每噸方尺
W. G.	尺寸 Feet	Cwt. qr. lb. Cwt.	
No. 16	6×2½ to 8×2¾	3—0—14 or 3.125	800
鐵 18	6×2½ to 8×2¾	2—1— 6 or 2.3036	1000
絲 20	6×2½ to 8×2¾	1—3— 6 or 1.8036	1250
尺 22	6×2½ to 7×2¾	1—2— 7 or 1.5625	1550
號 24	6×2½ to 7×2½	1—0—24 or 1.2143	1880
碼 26	6×2½ to 7×2½	1—0— 6 or 1.0536	2170

各種五金重量表（每一英丁方尺積面）(一)

WEIGHT OF METALS (AREA IN 1 SQUARE FOOT)

厚度 Thickness	熟鐵 Wrt Iron	生鐵 Cast Iron	鋼 Steel
寸 in.	磅 lb.	磅 lb.	磅 lb.
1/16	2.50	2.34	2.56
1/8	5.00	4.69	5.12
3/16	7.50	7.03	7.68
1/4	10.00	9.38	10.25
5/16	12.50	11.72	12.81
3/8	15.00	14.06	15.36
7/16	17.50	16.41	17.93
1/2	20.00	18.75	20.50
9/16	22.50	21.10	23.06
5/8	25.00	23.44	25.62
11/16	27.50	25.79	28.18
3/4	30.00	28.12	30.72
13/16	32.50	30.48	33.28
7/8	35.00	32.82	35.86
15/16	37.50	35.16	38.43
1	40.00	37.50	41.00
1 1/16	42.50	39.84	43.56
1 1/8	45.00	42.19	46.12
1 3/16	47.50	44.53	48.68
1 1/4	50.00	46.88	51.25
1 5/16	52.50	49.22	53.81
1 3/8	55.00	51.56	56.36
1 7/16	57.50	53.91	58.93
1 1/2	60.00	56.24	61 50
1 5/8	65.00	60.94	66.62
1 3/4	70.00	65.64	71.28
1 7/8	75.00	70.32	76.86
2	80.00	75.00	82.00
2 1/8	85.00	79.68	87.12
2 1/4	90.00	84.38	92.28
2 3/8	95.00	89.06	97.36
2 1/2	100.00	93.76	102.50

各種五金重量表（每一英丁方尺積面）(二)

WEIGHT OF METALS (AREA IN 1 SQUARE FOOT)

厚度 Thickness	Brass 黃銅	Copper 紫銅	Gunmetal 礮銅
寸 in.	磅 lb.	磅 lb.	磅 lb.
1/16	2.96	2.87	2.75
1/8	5.38	5.75	5.50
3/16	8.07	8.62	8.25
1/4	10.75	11.50	11.00
5/16	13.45	14.37	13.75
3/8	16.14	17.24	16.50
7/16	18.82	20.12	19.25
1/2	21.50	23.00	22.00
9/16	24.20	25.87	24.75
5/8	26.90	28.74	27.50
11/16	29.58	31.62	30.25
3/4	32.28	34.48	33.00
13/16	34.95	37.37	35.75
7/8	37.64	40.24	38.50
15/16	40.32	43.12	41.25
1	43.00	46.00	44.00
1 1/16	46.60	48.87	46.75
1 1/8	48.38	51.75	49.50
1 3/16	51.07	54.62	52.25
1 1/4	53.80	57.48	55.00
1 5/16	56.45	60.37	57.75
1 3/8	59.14	63.24	60.50
1 7/16	61.82	66.12	63.25
1 1/2	64.56	68.96	66.00
1 5/8	69.90	74.74	71.50
1 3/4	75.28	80.48	77.00
1 7/8	80.64	86.24	82.50
2	86.00	92.00	88.00
2 1/8	93.38	97.74	93.50
2 1/4	96,76	103.50	99.00
2 3/8	102.14	109.24	104.50
2 1/2	107.60	114.96	110.00

各種五金重量表(每一英丁方尺積面)(三)

WEIGHT OF METALS (AREA IN 1 SQUARE FOOT)

厚度 Thickness	錫 Tin.	白鉛 Zinc.	青鉛 Lead.
寸 in.	磅 lb.	磅 lb.	磅 lb.
1/16	2.37	2.25	3.68
1/8	4.75	4.50	7.37
3/16	7.12	6.75	11.05
1/4	9.50	9.00	14.75
5/16	11.87	11.25	18.42
3/8	14.24	13.50	22.10
7/16	16.17	15.75	25.80
1/2	19.00	18.00	29.50
9/16	21.37	20.25	33.17
5/8	23.74	22.50	36.84
11/16	26.12	24.75	40.54
3/4	28.48	27.00	44.20
13/16	30.87	29.25	47.92
7/8	32.34	31.50	51.60
15/16	35.61	33.75	55.36
1	38.00	36.00	59.00
1 1/16	40.37	38.25	62.68
1 1/8	42.75	40.50	66.37
1 3/16	45.12	42.75	70.05
1 1/4	47.48	45.00	73.75
1 5/16	49.87	47.25	77.42
1 3/8	52.24	49.50	81.10
1 7/16	54 17	51.70	84.80
1 1/2	56.96	54.00	88.40
1 5/8	61.74	58.50	95.84
1 3/4	64.34	63.00	102.12
1 7/8	71.22	67.50	110.72
2	76.00	72.00	118.00
2 1/8	80.74	77.50	125.36
2 1/4	85.50	81.00	132.74
2 3/8	90.24	85.50	140.10
2 1/2	94.96	90.00	147.50

書名：港僑須知（一九三三）（上）
系列：心一堂　香港・澳門雙城成長系列
原著：戴東培 編
主編・責任編輯：陳劍聰

出版：心一堂有限公司
通訊地址：香港九龍旺角彌敦道六一〇號荷李活商業中心十八樓〇五一〇六室
深港讀者服務中心：中國深圳市羅湖區立新路六號羅湖商業大厦負一層〇〇八室
電話號碼：(852) 67150840
網址：publish.sunyata.cc
淘宝店地址：https://shop210782774.taobao.com
微店地址：　https://weidian.com/s/1212826297
臉書：　　　https://www.facebook.com/sunyatabook
讀者論壇：　http://bbs.sunyata.cc

香港發行：香港聯合書刊物流有限公司
地址：香港新界大埔汀麗路36號中華商務印刷大廈3樓
電話號碼：(852) 2150-2100
傳真號碼：(852) 2407-3062
電郵：info@suplogistics.com.hk

台灣發行：秀威資訊科技股份有限公司
地址：台灣台北市內湖區瑞光路七十六巷六十五號一樓
電話號碼：+886-2-2796-3638
傳真號碼：+886-2-2796-1377
網絡書店：www.bodbooks.com.tw
心一堂台灣國家書店讀者服務中心：
地址：台灣台北市中山區松江路二〇九號1樓
電話號碼：+886-2-2518-0207
傳真號碼：+886-2-2518-0778
網址：http://www.govbooks.com.tw

中國大陸發行　零售：深圳心一堂文化傳播有限公司
深圳地址：深圳市羅湖區立新路六號羅湖商業大厦負一層008室
電話號碼：(86)0755-82224934

版次：二零一九年一月　（上下二冊不分售）

定價：港幣　　二百九十八元正
　　　新台幣　一千三百九十八元正

國際書號 ISBN 978-988-8582-34-1